L'esprit de la cité

DES HOMMES QUI ONT FAIT LA FRANCE

Du même auteur

La Fièvre hexagonale : les grandes crises politiques 1871-1968, Calmann-Lévy, 1986 ; rééd. « Points-Histoire », 1987.

Le Socialisme en France et en Europe XIXᵉ-XXᵉ siècle, « Points-Histoire », 1992.

Le Siècle des intellectuels, Seuil, 1997 ; rééd. « Points-Histoire ». *Prix Médicis essai.*

Les Voix de la Liberté. Les écrivains engagés au XIXᵉ siècle, Seuil, 2001 ; rééd. « Points-Histoire ». *Prix Roland de Jouvenel de l'Académie française.*

La France politique XIXᵉ-XXᵉ siècle, « Points-Histoire », 2003.

L'Agonie de la IVᵉ République (13 mai 1958), Gallimard, coll. « Les Journées qui ont fait la France », 2006 ; rééd. « Folio histoire », 2013.

La Gauche en France, Perrin, coll. « Tempus », 2006.

Clemenceau, Perrin, 2007 ; rééd. coll. « Tempus ». *Prix Aujourd'hui.*

Le XXᵉ Siècle idéologique et politique, Perrin, coll. « Tempus », 2009.

Madame de Staël, Fayard, 2010 ; rééd. coll. « Pluriel », octobre 2012. *Prix Goncourt de la biographie. Grand prix Gobert de l'Académie française.*

Flaubert, Gallimard, coll. « Biographies NRF », 2013 ; rééd. « Folio », 2015. *Prix Édouard Bonnefous de l'Académie des sciences morales et politiques.*

Journal politique. La République gaullienne 1958-1981, les années Mitterrand 1981-1995, Thierry Marchaisse, 2015.

François Mitterrand, Gallimard, coll. « Biographies NRF », 2015 ; rééd. « Folio histoire », 2016. *Prix d'histoire du Sénat.*

La France républicaine. Histoire politique XIXᵉ-XXIᵉ siècle, Robert Laffont, coll. « Bouquins », 2017.

Décadence fin de siècle, Gallimard, coll. « L'esprit de la cité », 2017.

Michel Winock

CHARLES DE GAULLE

UN REBELLE HABITÉ PAR L'HISTOIRE

GALLIMARD

Introduction

Longtemps, le général de Gaulle est resté l'homme du 18-Juin. Celui qui, se mettant en marge de la stricte discipline des armées, avait lancé de Londres son appel à la poursuite des combats, puis son refus de l'armistice. Condamné à mort par contumace, il allait imposer son autorité, au prix d'une ténacité et d'une volonté de chaque instant, à la tête de la Résistance française, non seulement face à Pétain et à son régime de capitulation, mais encore face aux Alliés — et notamment Roosevelt — si peu disposés à accepter ses prétentions d'incarner la France. Pour lui, écrivait-il dans ses *Mémoires de guerre*, « il est nécessaire que l'État ait une tête, c'est-à-dire un chef, en qui la nation puisse voir, au-dessus des fluctuations, l'homme en charge de l'essentiel et le garant de ses destinées ».

À cette place, de Gaulle a rebâti la France républicaine, en réussissant à refaire l'unité d'un pays déchiré, à le placer au sortir de la guerre dans le rang des vainqueurs, obtenant à ce titre une zone d'occupation en Allemagne et un des cinq sièges permanents au Conseil de sécurité de l'ONU.

Son œuvre de restauration et de reconstruction est cependant restée longtemps imparfaite. Une nouvelle République est née en 1944, mais ce n'était pas celle qu'il avait voulu instituer, ce qui devait provoquer sa démission des affaires en janvier 1946. Il tenta bien de créer un mouvement de rassemblement, le RPF, qui avait pour finalité d'édifier un État fort selon ses vœux. Il échoua. En 1958, son nom avait de nouveau circulé dans certains milieux politiques et dans la presse. D'aucuns n'hésitaient pas à imaginer, à souhaiter, le retour du grand homme dans une IVe République qui, empêtrée dans la guerre d'Algérie, paraissait à l'agonie. Mais pour la plupart, de Gaulle avait eu son heure. Un événement, dans sa fulgurance, devait les détromper, le 13 mai 1958.

Qui est de Gaulle ? Certes pas un idéologue, un homme de système ; il sait le poids des circonstances et ne méconnaît point l'adage politique selon lequel on ne doit jamais se déprendre de la réalité. Sa volonté est de redonner son lustre à la patrie, une nouvelle fois divisée, embourbée dans ses querelles, impuissante à se donner une direction commune. En écrivant, plus tard, qu'il entendait en 1958 « doter l'État d'institutions qui lui rendent, sous une forme appropriée aux temps modernes, la stabilité et la continuité dont il est privé depuis 169 ans », la précision du chiffre éclairait sa pensée : à ses yeux, la France n'avait pu vraiment retrouver la maîtrise de ses destinées depuis la veille de la Révolution. Par quoi il était peut-être monarchiste. Mais en précisant son dessein de s'adapter à une forme constitutionnelle « appropriée aux temps modernes », il montrait aussi son réalisme.

De Gaulle avait acquis de longue date la conviction que le système républicain était un système de division. Telle la IIIe République où il était né, où il avait tenté d'imposer sa réforme militaire, et dont il avait connu l'effrayante faiblesse face à la montée en puissance de Hitler. Il avait en horreur les « partis », ces factions qui s'entre-déchirent et interdisent à l'État d'avoir une tête, à la nation d'avoir un chef et à la France de demeurer à son rang qui devait être le premier.

Après son refus des projets constitutionnels élaborés au lendemain de la Libération par les partis politiques en place, il avait résumé dans son discours de Bayeux du 16 juin 1946 les idées institutionnelles qu'il n'avait pu imposer aux assemblées constituantes et qui allaient retrouver leur actualité dans le projet de 1958. Pour de Gaulle, la légitimité ne pouvait venir que du peuple, mais la démocratie n'était nullement le gouvernement du peuple par le peuple, c'est-à-dire, en définitive, le gouvernement de la France par les partis occupés de leurs intérêts sans relâche. Le maître mot gaullien était le *rassemblement*. « Je tenais pour nécessaire, écrit-il, que le gouvernement procédât non point du Parlement, autrement dit des Partis, mais, au-dessus d'eux, d'une tête directement mandatée par l'ensemble de la nation. » De là sa défiance envers les « élites », toujours prêtes à la brigue et à l'intrigue, et sa profonde conviction de devoir restaurer un pouvoir exécutif directement en prise avec le peuple souverain. Le peuple, dans l'impossibilité concrète de gouverner par lui-même, comme dans une démocratie antique, devait déléguer directement son pouvoir à un chef. Entre les deux, il devait exister une relation directe, un « accord des âmes », une complicité qui transcende les querelles de la vie quotidienne vers un seul but, la grandeur du pays. La France du général de Gaulle est celle d'un État inséparable du peuple français : « Je crois que le peuple m'écoute. Au jour voulu, je lui demanderai s'il me donne tort ou raison. Alors, pour moi, sa voix sera la voix de Dieu. » Ce ne sont pas là de vains mots.

Le retour au pouvoir du Général en 1958 défiait toutes les probabilités. Miracle, hasard, Providence, concours de circonstances, mais aussi habileté stratégique concoururent à servir son projet de rebâtisseur.

La Constitution de 1958 amendée par la réforme de 1962 établissant l'élection du président de la République au suffrage universel est celle, comme on a dit, d'une monarchie républicaine. Le prince n'est plus de droit divin, il est de droit populaire : le peuple l'a choisi en raison des services qu'il a rendus à la patrie et des talents qu'il peut encore mettre à la disposition de son destin. En se faisant le législateur d'une nouvelle République, le général de Gaulle, pour la deuxième fois, reconstruisait la France. Il l'avait sauvée en 1940 du déshonneur ; il entendait ce coup-ci lui donner les assises durables qui avaient tant fait défaut aux républiques précédentes.

De Gaulle a été un homme providentiel parce qu'il s'est voulu tel, parce qu'il n'a jamais douté, au moins depuis l'appel de juin 1940, être missionné par la Providence. Mégalomanie ? Peut-être — et qui n'a pas cessé d'agacer ses adversaires et ses ennemis. Dictateur en herbe pour les uns ; père Ubu pour les esprits satiriques. Folie des grandeurs, ou plutôt folie de la grandeur, qui dépasse l'imagination du citoyen ? Oui encore. Mais un orgueil qui n'a pas pour objet son ascension personnelle au sommet de l'État aux fins de sa propre gloire : tout ce qu'il fait, tout ce qu'il fera sera fonction des intérêts de la France, « vouée à une destinée éminente et exceptionnelle ». Nul doute qu'à ses yeux les grands hommes existent et qu'il a pour destin, lui, d'en être un. Et pourquoi lui ? « Le fait est, dit-il déjà dans *Le Fil de l'épée*, que certains hommes répandent, pour ainsi dire de naissance, un fluide d'autorité dont on ne peut discerner au juste en quoi il consiste », phrase dont la teneur eût aisément sa place dans les *Mémoires* de Louis XIV. Ce n'est pas au peuple de dire ce qui est bon pour le pays, c'est au chef, dûment investi et délégué par le peuple, de fixer les grands choix, d'orienter la nation et de la « révéler à elle-même ». De Gaulle est le partisan et l'artisan d'une « démocratie gouvernée », c'est-à-dire d'un régime fondé en légitimité sur le peuple régulièrement consulté — notamment par voie de référendum —, mais au sommet duquel un seul oriente et décide. De Gaulle, au long de ses mandats, s'appliquera à visiter les villes et les régions, s'adonnera aux bains de foule et utilisera au mieux le nouvel instrument du parler direct : la télévision, dont les récepteurs vont précisément équiper les ménages français au cours des années soixante.

S'il le faut, en cas de danger imminent, le chef assumera tous les pouvoirs comme le dictateur toujours provisoire de la République romaine : ce sera le fondement de l'article 16 d'une Constitution où s'équilibrent la tendance monarchique et l'esprit démocratique. La démission de Charles de Gaulle en 1969 prouvera *in fine* la fidélité du fondateur de la Ve République à ses conceptions originelles : *Vox populi vox Dei*. Désavoué par le référendum, il voyait rompu ce lien singulier tissé avec le peuple, primordial à l'exercice du pouvoir. Il fallait partir.

En 1958, les opposants de gauche à de Gaulle ne conçoivent pas, eux, que celui-ci puisse être autre chose que le représentant des forces réactionnaires qui le portent au pouvoir. De Gaulle a été réclamé par les généraux Salan et Massu, acclamé par la presse d'extrême droite, y compris par les nostalgiques les plus rancuniers du maréchal Pétain, il a provoqué l'enthousiasme des plus activistes des pieds-noirs. Dès lors, comment se débarrasserait-il, à supposer qu'il le veuille, de ses alliés, lesquels de surcroît disposaient de la force ?

Ce qui sépare de Gaulle des cadres de l'armée n'est certes pas l'amour de la patrie mais une conception politique des choses de l'État. Dans *Vers l'armée de métier*, le futur fondateur de la Ve République avait écrit en 1938 : « La véritable école du Commandement est donc la culture générale. Par elle, la pensée est mise à même de s'exercer avec ordre, de discerner dans les choses l'essentiel de l'accessoire, d'apercevoir les prolongements et les interférences, bref de s'élever à ce degré où les ensembles apparaissent sans préjudice des nuances. » Les Salan et les Massu, pour ne pas parler des moindres de l'armée en Algérie, sont immergés dans la guerre et obnubilés par la volonté d'en finir avec un nationalisme algérien dont ils mettent en doute les fondements légitimes. Un effet de loupe les empêche de comprendre « l'ensemble ». De Gaulle est trop nationaliste lui-même et trop historien pour ignorer le mouvement lourd de l'Histoire, qui aiguillonne la rébellion algérienne. En pragmatique, il sait aussi — comme Raymond Aron en a fait la démonstration dans sa *Tragédie algérienne* l'année précédente — que le projet d'« intégrer » neuf millions de musulmans, à la démographie « galopante », est une chimère. « L'art des possibilités » qu'il préconise lui interdit d'être d'emblée tranchant quant à la solution à trouver. Mais cette mobilité de l'esprit est en contradiction avec l'idée fixe qui travaille les partisans de l'Algérie française. Et d'abord les cadres militaires. Quand cette contradiction apparaîtra au grand jour, le conflit entre le Général et les généraux deviendra inéluctable. Sans doute le savait-il. Il en sortira vainqueur et fera la paix.

De Gaulle a une vision du monde pessimiste. Un « À quoi bon ? » toujours le hante. Il sait la faiblesse des hommes, il connaît les vices des Français, leur versatilité, leur esprit querelleur. Il n'ignore pas que la France de 1958 ne sera plus jamais celle de Louis XIV ou de Napoléon. Mais il est habité par le démon de l'action, cultivant un secret mot d'ordre : faire « comme si ». Il écrira peu de temps avant sa mort : « Sur ma maison je regarde alors tomber le dernier soir d'une longue solitude. Quelle est donc cette force des choses qui m'oblige à m'en arracher ? » Le héros gaullien ne s'illusionne ni sur la bonté naturelle des individus ni sur la pérennité des grandes actions : il agit par une nécessité impérieuse qui l'habite. De là vient aussi qu'il ne s'accroche pas au pouvoir, qu'il est toujours prêt à démissionner et qu'au bout du compte il démissionne s'il comprend que le contrat est rompu entre lui et ses contemporains.

Dès *Le Fil de l'épée*, de Gaulle avait perçu l'extrême tension qu'inflige la « domination » à celui qui l'exerce, nécessairement dans la solitude :

> Réserve, caractère, grandeur, ces conditions du prestige imposent à ceux qui veulent les remplir un effort qui rebute le plus grand nombre. Cette contrainte incessante, ce risque constamment couru éprouvent la personnalité jusqu'aux fibres les plus secrètes. Il en résulte, pour qui s'y astreint, un état de lutte intime, plus ou moins aigu selon son tempérament, mais qui ne laisse pas à tout moment de lui blesser l'âme comme le cilice à chaque pas déchire le pénitent. On touche là le motif de retraites mal expliquées : des hommes à qui tout réussit et que l'on acclame rejettent soudain le fardeau.

Revenu au pouvoir, de manière imprévisible, le 1ᵉʳ juin 1958, de Gaulle devait donner au peuple français, et avec l'approbation de celui-ci, les institutions propres à fonder un régime enfin stable.

Si le général de Gaulle figure parmi ceux qui ont « fait la France », c'est donc parce que son action, par deux fois en moins de vingt ans, a été décisive sur le sort du pays. La première fois, l'arrachant à la soumission, bravant le régime de collaboration avec l'envahisseur, il a redonné à son pays la fierté d'un peuple résistant, tout en empêchant la guerre civile. En 1944, amoindrie mais sauvée du déshonneur, la France avait de nouveau ses destinées en main. En 1958, la IVe République, dont il avait désavoué la Constitution, était enlisée dans une guerre anachronique et sans issue. De Gaulle sut saisir l'occasion pour instaurer un nouveau régime politique qui lui permit de clore l'ère coloniale et qui s'est révélé le plus solide depuis 1789. Le chef de guerre avait passé le relais au législateur ; le premier avait replacé la France au rang des grandes nations, le second avait mis en place les institutions qui la délivraient de son instabilité séculaire.

I

L'ESPRIT MILITAIRE

De Gaulle est d'abord un soldat. Sa formation militaire est inséparable de sa future carrière politique. Lui-même a vanté et acquis « l'esprit militaire ». À ses yeux, l'armée « représente un modèle d'organisation ». C'est de là qu'il faut partir si nous voulons comprendre son rôle historique.

Charles de Gaulle a eu plusieurs dates de naissance ; la plus connue des gens avertis est le 18 juin 1940. De fait, cette date-là fait sortir de l'ombre le tout récent général, sur un coup de théâtre. Elle prendra par la suite le sens sacré d'une hégire. Du 18-Juin est née de toutes pièces la France libre qui a réactivé l'espérance. Et quand on n'avait pas entendu le message lancé à la BBC, ce qui était le cas de la plupart des Français, nombre d'entre eux faisaient mine de l'avoir capté, comme s'ils ne voulaient pas être exclus de l'Histoire.

Charles de Gaulle, pourtant, est né bien avant cette date devenue légendaire. De 1924 jusqu'à l'appel de Londres, quatre livres du même auteur ont révélé une personnalité exceptionnelle et scandé les étapes d'une pensée qui, tout appliquée à l'art de la guerre, n'en laisse pas moins entrevoir un destin politique :

La Discorde chez l'ennemi (1924), *Le Fil de l'épée* (1932), *Vers l'armée de métier* (1934) et *La France et son armée* (1938).

L'écrivain

En 1924, paraît donc chez Berger-Levrault l'ouvrage d'un officier inconnu, *La Discorde chez l'ennemi*, qui ne rencontre qu'un succès d'estime mais qui, d'emblée, pose de Gaulle en historien du contemporain et en écrivain de talent. L'auteur explique de manière concise le sort de la Grande Guerre, non par la supériorité des armes françaises, mais par les contradictions fatales divisant le commandement allemand.

S'il fallait dire d'un mot la raison de cette défaite, selon de Gaulle, on retiendrait l'*hubris* de la direction militaire, depuis la désobéissance du général von Kluck, le commandant de la Iʳᵉ armée allemande, à la veille de la bataille de la Marne, jusqu'à la dictature de Hindenburg et Ludendorff, chargés du commandement suprême. Chacun de ces chefs de guerre s'est considéré comme le centre du monde ou a voulu imposer sa volonté de puissance au pouvoir civil du chancelier. Kluck, en s'enferrant dans ses conceptions personnelles au mépris de la discipline stratégique et malgré les ordres réitérés de Moltke, chef de l'état-major, s'était heurté au gros de l'armée française sans avoir compris la situation. Plus gravement, le maréchal Hindenburg et son adjoint, le général Ludendorff, ont contraint le chancelier Bethmann-Hollweg d'intensifier en 1917 la guerre sous-marine, ce qui eut pour conséquence l'entrée en guerre des États-Unis : « Sans l'intervention américaine et l'espoir qu'y puisa l'Entente, la révolution et la paix russes quelques mois plus tard, l'échec de l'offensive française au printemps, la crise morale qui en fut la conséquence [...] eussent laissé l'Empire dans des conditions bien favorables pour négocier la paix, à l'aide d'une médiation que le président Wilson venait précisément d'offrir. »

De Gaulle ne variera pas : le pouvoir militaire doit rester subordonné au pouvoir civil. Désobéir peut être licite, mais seulement quand la faiblesse ou la trahison du pouvoir politique est avérée, comme ce sera le cas en 1940. L'« esprit militaire » n'adhère d'aucune façon à l'illusion dangereuse selon laquelle l'armée pourrait se substituer au pouvoir civil.

Hindenburg et Ludendorff, eux, n'ont eu de cesse de forcer Bethmann-Hollweg à quitter le pouvoir, dans le dessein qu'un « homme fort » le remplacerait, un chef de gouvernement qui serait à leurs ordres. Ils parviennent à le faire chuter, et « désormais l'Allemagne se laisserait docilement conduire par Ludendorff tant qu'il pourrait l'aveugler de victoires et l'étourdir d'espérance ». La suite démontre les méfaits de l'hégémonie militaire : « L'effondrement soudain d'un peuple fort et vaillant allait servir de témoignage à la vengeance des Principes outragés. »

Le lecteur qui découvre cet ouvrage a conscience qu'il n'a pas affaire à la prose habituelle des militaires qui, après la bataille, racontent leurs exploits ou, dans leur retraite, rédigent leurs mémoires. Le style de De Gaulle force l'attention. À lire ce premier livre du futur général, on pense tour à tour à Tacite et à Bossuet. De l'historien latin, il a le goût de la forme sobre et condensée, le sens de la formule, la vivacité de l'expression. Du grand prédicateur, il reprend les périodes, le rythme, les antithèses, les images éclatantes et la maîtrise du verbe. Ce style fait du dernier chapitre de *La Discorde*, « La déroute du peuple allemand », un somptueux tableau de l'année 1918.

Une fois la fin de la guerre signée par les Russes, toute la puissance de l'Allemagne pouvait se concentrer sur un seul front. Une espèce d'euphorie gagne alors le commandement, le gouvernement, l'opinion chauffée à blanc par la presse. La victoire est en vue, le doute n'est plus permis. La France était au plus bas, sa chute était irrésistible : « Maintenant, elle allait être pillée, rançonnée, privée de ses colonies, jetée dans la Révolution et le bouleversement économique. » Les journaux rivalisaient de railleries contre Wilson, invectivaient Clemenceau, appelaient à l'offensive générale. « Nous sommes prêts à tout, clame Ludendorff ; nous avons tout : effectifs, artillerie, approvisionnements, tanks... [...] Je vous promets une victoire rapide et complète. » Les pangermanistes en rajoutaient, parlaient des futures annexions, des « indemnités impitoyables ». À l'approche de l'été, soudain, changement de ton : l'offensive de juin a été un échec relatif : « C'est de ce jour, poursuit de Gaulle, que commencèrent d'apparaître les signes de nervosité, puis de malaise, puis d'inquiétude, qui marquaient des fissures dans la confiance et des défaillances dans la volonté. » Le 16 juillet, *La Gazette de l'Allemagne du Nord*, journal officieux, trace encore le tableau d'un ennemi français à bout de souffle. Deux jours plus tard, la foudroyante contre-attaque entre l'Aisne et la Marne va définitivement provoquer le doute, puis le désarroi et la panique outre-Rhin.

De Gaulle dépeint alors la décomposition du haut en bas de la société allemande. L'historien cite les journaux, la presse de gauche, de plus en plus défaitiste, la presse de droite appelant à la levée en masse et à la dictature pour faire arrêter tous les défaitistes, et spécialement les chefs socialistes. De Gaulle détaille alors le syndrome de l'anomie qui saisit la société, la folie du plaisir qui s'empare des désespérés, l'écroulement des

valeurs traditionnelles, les bals qui ouvrent malgré l'interdic-
tion… Là-dessus la nouvelle survient de la capitulation de la
Bulgarie. « Sur-le-champ, la crise se déchaîna… » Hindenburg
et Ludendorff perdent la tête, veulent l'armistice immédiat.
« L'Allemagne comprit qu'elle n'échapperait pas à son destin.
Dès lors, chacun, dans le secret de son cœur d'abord, puis à
voix basse, puis tout haut, réclama la fin, n'importe comment,
à quelque prix que ce fût, mais immédiate. "C'est assez souffrir!", disait-on. » Suit le tableau apocalyptique de la débâcle :
« Comme une armée en déroute, qui, affolée de terreur et de
souffrance, se met à massacrer ses chefs et se livre à toutes les
réactions, l'Allemagne, aux premiers jours de novembre 1918,
entrait en révolution. »

On ne peut séparer la personnalité de Charles de Gaulle de
son désir d'écrire et de son style classique, soutenu, altier. Passionné d'histoire, il avait pratiqué aussi les grands écrivains,
français et étrangers. Très jeune, la plume toujours active, il
avait écrit des historiettes et des nouvelles. Les livres s'offraient
en abondance à ses appétits. Son grand-père, Julien de Gaulle,
s'était fait connaître par une *Histoire de Paris*, préfacée par
Charles Nodier ; son père, Henri de Gaulle, avait enseigné l'histoire, la philosophie et les mathématiques dans un collège
catholique de la rue de Vaugirard, à Paris. L'environnement
familial et la bibliothèque parentale avaient favorisé chez le
jeune Charles un goût de la lecture et de l'écriture qui ne se
démentira jamais. C'est aussi par le verbe, oral et écrit, que le
futur général de Gaulle a su se mettre en scène et créer sa
légende.

L'homme de caractère

Bien avant la publication du *Fil de l'épée*, son deuxième livre, paru en 1932, de Gaulle a réfléchi sur l'art du commandement et sur sa vertu principale : le caractère. Dans ses carnets qu'il entreprend de rédiger en 1916, l'année où, blessé, il est fait prisonnier par les Allemands, il note :

> Il faut être un homme de caractère.
>
> Le meilleur procédé pour réussir dans l'action est de savoir perpétuellement se dominer soi-même, ou mieux c'est une condition indispensable.
>
> Mais se dominer soi-même doit être devenu une sorte d'habitude, de réflexe moral obtenu par une gymnastique constante de sa volonté, notamment dans les petites choses : tenue, conversation, conduite de la pensée, méthode recherchée et appliquée en toutes choses, notamment dans le travail.
>
> Il faut parler peu, il le faut absolument. L'avantage d'être un causeur brillant ne vaut pas au centième celui d'être replié sur soi-même, même au point de vue de l'influence générale. Chez l'homme de valeur, la réflexion doit être concentrée. Autrui ne s'y trompe pas.
>
> Et dans l'action, il ne faut rien dire. Le chef est celui qui ne parle pas.

Dans cette notation, on saisit déjà l'ébauche d'un autoportrait. L'homme, par sa très haute taille, ses silences, sa froideur apparente est tout de suite perçu par ses camarades de combat puis de captivité comme un être doué d'un ascendant peu commun ; il en tire un surnom, le « Connétable ». Sa vaste culture, sa détermination, son attitude face au danger (il reste debout sous le déluge des obus ennemis quand les autres se couchent, et on le verra à la Libération de Paris, au cours de la cérémonie à Notre-Dame, rester stoïque sous le feu des tireurs), ce sont des qualités et des comportements qui forcent l'admiration des témoins. Ce culte du caractère, le Connétable y a consacré des écrits restés célèbres. En 1925, détaché au cabinet du maréchal Pétain, vice-président du Conseil supérieur de la guerre, le capitaine de Gaulle est invité à prononcer des conférences qui sont l'esquisse de ce qui deviendra Le Fil de l'épée. L'une d'elles est consacrée aux « qualités du chef », qu'il résume par quatre mots : décision, savoir, énergie, caractère : « Certaines de ces qualités, dit-il, peuvent se développer par l'habitude et l'étude, comme la décision, le savoir. Une autre s'accroît par l'exercice accoutumé de l'autorité : l'énergie. Mais il n'y a ni habitudes, ni études, ni exercices qui créent ou trempent un caractère. Chaque chef, pour s'en développer un, doit se contraindre moralement. C'est dans son cœur que le caractère s'élabore. Il faut qu'il en ait le culte. »

L'ascendant est une faculté innée, mais il existe une méthode pour le faire paraître. En premier lieu, le chef doit cultiver l'éloignement. Point de bavardages, point de bonhomie complice, point de plaisanteries : il doit se faire craindre. Car le prestige qui lui est nécessaire s'appuie sur l'appréhension qu'il est capable de susciter, comme l'a écrit Lucrèce : « Primus in orbe deos fecit timor », c'est d'abord la crainte qui a créé les dieux dans le monde. Ne jamais laisser entrevoir ses faiblesses, ses hésitations, ses inquiétudes. L'impassibilité est la servante du prestige : paraître aux autres d'une essence supérieure. La mise en scène de soi-même fait partie des exercices conseillés au chef.

Ce portrait, il le reprend et le complète dans Le Fil de l'épée. L'homme de caractère ne craint pas de déplaire ; il semble impitoyable, fait gémir ses subordonnés, ne cherche pas à être aimé. « Enfin, l'on redoute son audace qui ne ménage les routines ni les quiétudes. » L'inspiration de Machiavel n'est pas loin, quand on lit sous sa plume : « L'homme d'action ne se conçoit guère sans une forte dose d'égoïsme, d'orgueil, de dureté, de ruse. » La valeur du chef, le respect mêlé d'inquiétude qu'il suscite, l'admiration pour son prestige, c'est la base de « l'esprit militaire ». De Gaulle veut redonner à l'armée, en ces années de pacifisme triomphant, la conscience d'une mission, et travaille à lui inspirer une « façon d'être au-dessus de tout ». Il a conscience qu'« après une conflagration sans exemple, les peuples détestent la guerre ». Il faut convaincre les Français de la nécessité d'une force militaire et l'armée elle-même, hésitante dans ses casernes, de son rôle irremplaçable : « Dans ces jours de doute, il ne faut pas que se rompe la chaîne de la force militaire française, ni que fléchissent la valeur et l'ardeur de ceux qui doivent commander. »

Le caractère ne suffit pas à l'homme d'action ; à soi seul il ne donne au mieux que des entêtés. De Gaulle fait grand cas de l'intelligence et des ouvrages de l'esprit — non seulement la culture stratégique, mais la culture générale. Mais l'intelligence elle-même est stérile, si elle n'est pas secondée par l'instinct, dont l'éloge n'est pas courant sous la plume d'un instructeur militaire. Il a lu Bergson — *Essai sur les données immédiates de la conscience*, *L'Évolution créatrice* ; il se méfie des doctrines arrêtées, des abstractions d'école, et de la fixité des certitudes, car « il faut apprécier les circonstances dans chaque cas particulier ». L'action de guerre a un caractère empirique, et la faculté d'adaptation au réel, souvent imprévisible, sera favorisée par l'instinct, c'est-à-dire la faculté d'intuition. « Si l'intelligence, écrit-il, nous procure la connaissance théorique, générale, abs-

traite de ce qui est, c'est l'instinct qui nous en fournit le sentiment pratique, particulier, concret. » C'est « l'effort combiné
de l'intelligence et de l'instinct » qui, avec le caractère, fait les
grands hommes de guerre.

À l'aube des années trente, la lumière des projecteurs attire
l'attention sur cet officier curieux, non sans morgue. *Le Fil de l'épée*
n'a guère de succès : moins de mille exemplaires vendus, mais la
presse en parle. Son père l'avait lu juste avant de mourir et aidé
son fils dans ses corrections. Marié depuis 1921 à Yvonne
Vendroux, père de trois enfants, Philippe, Elisabeth et Anne
(cette dernière trisomique particulièrement chérie par lui), il doit
à son mentor, le maréchal Pétain, d'intégrer comme rédacteur le
secrétariat du Conseil supérieur de la Défense nationale, où, jusqu'en 1937, comme il l'écrit dans ses *Mémoires de guerre*, il va se
trouver mêlé, sur le plan des études, « à toute l'activité politique,
technique et administrative, pour tout ce qui concernait la
défense du pays ». C'est à ce poste d'observation exceptionnel
qu'il prend la mesure de la faiblesse française : « Une organisation
militaire beaucoup trop tournée vers la défensive, faiblement
manœuvrière, peu apte à entreprendre des opérations offensives
sans l'appui continu d'un matériel puissant, c'est-à-dire sans de
longs délais de préparatifs et d'exécution. » De Gaulle récuse ainsi
la doctrine officielle de l'École de guerre et propose un renouvellement profond de la stratégie et de la politique militaire.

Le penseur de l'armée moderne

En 1934 paraît *Vers l'armée de métier*, qui inscrit définitivement Charles de Gaulle parmi les spécialistes de la politique

militaire. Dans un contexte dominé par le pacifisme consécutif aux immenses pertes et aux ruines de la Grande Guerre, il juge dangereux qu'un sentiment général de paix à tout prix — « une psychose antiguerrière qui ne manque pas d'aller aux excès » — nuise à la vigilance et à la défense du territoire. La réduction du service actif correspond à l'état d'esprit général, rétif à l'obligation militaire. En même temps, il est sensible au caractère monstrueux de la terrible hécatombe de 14-18. Ce sont là des raisons qui l'amènent à imaginer une nouvelle organisation des armées, dont le principe sera la formation d'une armée professionnelle avec une centaine de milliers d'hommes. Le renouvellement technique et industriel l'y encourage : la future armée sera une armée de spécialistes qui auront le temps de s'instruire aux nouvelles armes. Déjà, par ces aspects qui révolutionnent complètement la tradition du « peuple en armes », de Gaulle fait preuve d'anticonformisme. Mais, qui plus est, il révoque en doute la doctrine officielle de l'École de guerre fondée sur la défensive.

Le livre commence par une imposante leçon de géographie et d'histoire. La carte de France, décrite par l'auteur, révèle une « brèche terrible », celle du nord-est du pays, par où toutes les invasions se sont succédé, une « infirmité séculaire de la patrie », « mortel boulevard », « mauvaise frontière » et « chronique danger » qui expose d'un seul revers la capitale aux canons ennemis. Pour se défendre contre cette géographie de pénétration, les gouvernements de la France ont recouru vaille que vaille à la diplomatie. Laquelle ne garantit rien, et la menace « du plus fort de nos voisins » reste suspendue sur la plus faible de nos frontières. En raison de cette géographie, la France ne peut compter en dernier ressort que sur les armes : elle « doit être armée ou bien ne pas être ». De Gaulle juge absurde, pour édifier la couverture, de compter sur des fortifications tenues par des recrues mal formées, et statiques par définition, alors qu'en cas d'attaque il faut « un instrument de manœuvre capable d'agir sans délai, c'est-à-dire permanent dans sa force, cohérent, rompu aux armes. Point de couverture française sans une armée de métier ».

Dans *Le Fil de l'épée*, de Gaulle s'était élevé contre le penchant national à la doctrine dogmatique, à la « doctrine construite dans l'abstrait », et avait rappelé que la victoire de la Marne « vint couvrir de gloire le chef qui sut s'affranchir des théories construites ». Il avait conclu son chapitre sur « la doctrine » par ce souhait : « Puisse la pensée militaire résister à l'attrait séculaire de l'*a priori*, de l'absolu et du dogmatisme ! » Dans son nouvel essai, il n'entend certes pas formuler un nouveau dogme, mais l'adaptation nécessaire au réel mouvant. Or, depuis la Première Guerre mondiale, et plus encore quinze ans après sa conclusion, une réalité s'impose : « La machine à présent régit notre destin ; [...] la machine gouverne en toutes matières la vie des contemporains. » La transformation des armées s'ensuit, le temps est venu des « soldats d'élite » et des « équipes spécialisées ». La qualité des combattants doit primer la quantité. L'habileté technique ne peut appartenir qu'à des hommes qui ont le temps de l'acquérir.

De ces nouveautés techniques, de Gaulle privilégie le char d'assaut : « Soudain, le voilà cuirassé. Rampant sur des chenilles, portant mitrailleuses et canons, il s'avance en première ligne, franchit talus et fossés, écrase tranchées et réseaux. » Qu'on se rende à cette évidence : « Le char bouleverse la tactique. » Rapide (jusqu'à quarante kilomètres à l'heure), capable de créer la surprise, de tirer en marchant, de changer de direction, il devient « l'élément capital de la manœuvre et conduit forcément à la sélection ». Citant Paul Valéry, l'auteur vante le rôle des « entreprises de peu d'hommes choisis, agissant par équipes, produisant en quelques instants à une heure, dans un lieu imprévus, des événements écrasants ». Il faut se tenir prêt à agir à toute heure, à intervenir en toute occasion, « à glisser sans transition de la paix dans la guerre ».

Dans la seconde partie de son livre, de Gaulle développe les aspects techniques de cette armée de métier, la création de six divisions de ligne, la composition de chaque division, de chaque brigade ; le recrutement de 100 000 hommes, engagés pour six ans, soit 15 000 volontaires en moyenne par an, jeunes, célibataires insouciants, ayant le goût de l'épreuve. L'armée de métier inculquera aux soldats « l'esprit militaire ». Mais aussi, inséparablement, l'esprit de corps, que développera de vrais régiments fortement identifiés, avec rites et symboles, insignes et défilés qui créent la « sympathie collective ». Il parle d'une « politique de l'esprit militaire » qui donnera son âme à l'armée. « On verra jusqu'où peuvent aller, à la faveur de la technique et dans un système de qualité, l'art et les vertus qui sont l'honneur des armes. »

Une telle armée motorisée sera portée à l'offensive : pour éviter l'invasion, qui détruit et démoralise, il faudra savoir créer l'angoisse au-delà des frontières. Organiser la surprise, c'est aussi tromper l'adversaire : « La ruse doit être employée pour faire croire que l'on est où l'on n'est pas, que l'on veut ce qu'on ne veut pas. » Derrière les chars, l'infanterie prendra possession du terrain conquis, secondée par l'artillerie, elle aussi mouvante. Les avions auront pour tâche le renseignement. C'est dans cette guerre de mouvement que la personnalité du chef reprendra tout son relief : dans une armée où l'action autonome sera la loi, le chef devra prendre nombre de décisions personnelles. C'est en lui-même et non plus dans une doctrine préétablie que le chef devra puiser la force de l'imagination, du jugement et de la décision. Et de Gaulle d'affirmer que « la véritable école du Commandement est donc la culture générale ». Cette valorisation de la culture, à laquelle il sera toujours attaché, de Gaulle en trouve la formule exemplaire : « Au fond des victoires d'Alexandre on retrouve toujours Aristote. »

À la fin de l'ouvrage, de Gaulle en appelle à un « maître » pour faire naître cette armée de métier et créer l'esprit nouveau nécessaire. Il sera le serviteur du seul État, dépouillé de préjugés, dédaigneux des clientèles. Ce chef faisant corps avec l'armée sera « dévoué à ceux qu'il commande, avide d'être responsable ; homme assez fort pour s'imposer, assez habile pour séduire, assez grand pour une grande œuvre, tel sera le ministre, soldat ou politique, à qui la patrie devra l'économie prochaine de sa force ».

Dans la formation de ses idées, on a souvent évoqué le nom d'Émile Mayer, polytechnicien, colonel à le retraite, non conformiste lui aussi, dont le salon était familier à de Gaulle. Mayer avait connu la disgrâce à cause des articles de doctrine militaire qu'il écrivait sous pseudonyme dans une revue suisse. Il avait combattu avant la Guerre mondiale les dogmes de l'École de guerre, critiqué le fanatisme de l'offensive alors en cours, prévu la guerre des tranchées, désapprouvé la sanglante offensive de Nivelle en 1917. Après la guerre, toujours passionné par les questions militaires, retraité, il recevait chaque dimanche, boulevard Beauséjour à Paris, chez son gendre, un aréopage de personnalités de tous âges, des écrivains, des intellectuels, des hommes politiques, issus de tous les horizons, sur lesquels il exerçait une sorte de fascination. Le colonel de Gaulle en était, le plus souvent silencieux, mais tout ouïe. On a fait grand cas de cette relation que cultivaient également, en dehors des dimanches du boulevard Beauséjour, de Gaulle et son aîné de quarante ans, le colonel Mayer. Leurs idées cependant n'étaient pas les mêmes en tout point. De Gaulle avait soutenu devant Mayer sa thèse de l'armée blindée ; Mayer, lui, pensait que le sort de la guerre future appartenait à l'aviation et spécialement à l'arme aérochimique. Mais tous les deux étaient convaincus que les techniques nouvelles remettaient profondément en question l'enseignement militaire de l'époque. Mayer lut et approuva *Vers l'armée de métier*, quoique l'idée d'une armée professionnelle répugnât au républicain qu'il était. C'est grâce à lui que de Gaulle put exposer ses thèses auprès d'hommes politiques, le député Philippe Serre, Léon Blum et, surtout, Paul Reynaud, qui prêta à cet officier une oreille attentive, avant de le nommer dans son gouvernement, en 1939, sous-secrétaire d'État à la guerre.

La presse réserva à l'ouvrage du lieutenant-colonel de Gaulle un accueil assez favorable : *Le Temps*, *L'Écho de Paris*, *L'Ordre*, *L'Aube*, *L'Action française* publient des comptes rendus positifs. Ce n'est pas le cas de l'armée, à commencer par Philippe Pétain, l'ancien protecteur de l'auteur qui, dans la *Revue des Deux Mondes*, exprima son désaccord, tout comme les généraux Weygand et Gamelin, ainsi que le général Maurin, ministre de la Guerre. Mais la rencontre avec Paul Reynaud, séduit par ses thèses et désireux de le connaître, aura des suites. Par Reynaud, de Gaulle fit la connaissance de Gaston Palewski qui deviendra un de ses fidèles. Au demeurant, ces soutiens ne suffiront pas à convaincre ni l'état-major ni les gouvernements en place. La drôle de guerre de 1939-1940 devait donner en tout point raison à de Gaulle, qui écrira à Reynaud le 22 octobre 1939 cet avis prémonitoire :

> Notre système militaire a été bâti exclusivement en vue de la défensive. Si l'ennemi nous attaque demain, je suis convaincu que nous lui tiendrons tête. Mais, s'il n'attaque pas, c'est l'impuissance quasi totale. Or, à mon avis, l'ennemi ne nous attaquera pas, de longtemps. Son intérêt est de laisser « cuire dans son jus » notre armée mobilisée et passive, en agissant ailleurs entre-temps. Puis, quand il nous jugera lassés, désorientés, mécontents de notre propre inertie, il prendra en dernier lieu l'offensive contre nous, avec, dans l'ordre moral et dans l'ordre matériel, de tout autres cartes que celles dont il dispose aujourd'hui.

Nationaliste

« Ah ! grand peuple, fait pour l'exemple, l'entreprise, le combat, toujours en vedette de l'Histoire, qu'il soit tyran, victime ou champion, et dont le génie, tour à tour négligent ou bien terrible, se reflète fidèlement au miroir de son armée. » C'est par ces mots que s'achève *La France et son armée*, que le colonel de Gaulle publie en 1938. Ils traduisent simultanément l'attachement profond de l'auteur à sa patrie et l'alliance organique qu'il juge nécessaire entre la France et son armée.

Ce livre d'histoire avait sa propre histoire. Instructeur à l'École de guerre, de Gaulle est sollicité par Pétain, son protecteur, pour écrire un ouvrage, sous la signature du maréchal, intitulé *Le Soldat*. Fin 1927, le manuscrit est à peu près achevé, bientôt remis à Pétain. Mais tandis qu'il a pris ses quartiers à

Trèves, le commandant de Gaulle apprend que le maréchal a confié son manuscrit à un autre de ses subordonnés, le colonel Audret, pour remaniement. De Gaulle s'insurge auprès de celui-ci : « S'il s'agit de triturer mes idées, ma philosophie et mon style, je m'y oppose et vais le dire au maréchal. » Le « nègre » se rebiffe. Il s'agit d'un travail personnel qui ne saurait souffrir le « concours » d'autres collaborateurs. Allant plus loin, non sans arrogance, il écrit à Pétain sans ambages : « Si le monde entier sait ce que vaut dans l'action et dans la réflexion le maréchal Pétain, mille renseignés connaissent sa répugnance à écrire. Pour répondre d'avance aux questions, pour fermer la bouche aux malveillants, surtout pour être juste, il est nécessaire, Monsieur le Maréchal, que vous fassiez hautement dans une préface ou un avant-propos l'aveu de notre collaboration. Habile générosité qui assurera dans l'ordre littéraire, comme dans les autres, l'intégrité de votre gloire. » On imagine la fureur de Pétain, alors candidat à l'Académie française. Le manuscrit du *Soldat* dormira dans un tiroir pendant près de dix ans, jusqu'au moment où, la rupture étant sans appel entre les deux hommes, de Gaulle décidera de le publier. Il en avertit Pétain au moment des épreuves, et lui propose d'écrire un avant-propos où il serait dit que cet ouvrage a été écrit sous l'impulsion du Maréchal. Celui-ci se fâche, mais se résigne finalement à l'idée que l'ouvrage lui serait dédié ; il envoie le texte de la dédicace souhaitée par de Gaulle, qui, le jugeant trop « terne », le corrige en ces termes : « À M. le Maréchal Pétain, qui a voulu que ce livre fût écrit, qui dirigea de ses conseils la rédaction des cinq premiers chapitres et grâce à qui les deux derniers sont l'histoire de notre victoire. » Dès avant 1940, de Gaulle et Pétain avaient cessé d'entretenir toute complicité.

La France et son armée, d'une fière écriture, paru chez Plon en 1938, fut le premier livre de Charles de Gaulle à obtenir un succès de librairie. L'ouvrage reçut un accueil critique dans l'ensemble très favorable. Le livre avait paru dans la sombre période des accords de Munich. Le 6 octobre, l'auteur avait écrit de Metz à son épouse : « La France a cessé d'être une grande puissance. » Lire cette histoire, somme toute glorieuse, des armées françaises agissait comme un dictame sur l'humiliation.

À partir de ce livre et des trois ouvrages qui l'avaient précédé, des textes de ses conférences, de sa correspondance, nous pouvons interpréter les idées politiques du futur général de Gaulle. Le terme de « nationaliste » lui sied assez bien, même si ce mot-là lui répugnait. Il dira plus tard, en 1962, dans ses entretiens avec Alain Peyrefitte : « Le nationalisme, ça consiste à affirmer sa propre nation au détriment des autres. Le nationalisme, c'est de l'égoïsme. Nous, ce que nous voulons, c'est que *tous* les peuples affirment leur sentiment national. » Certes, mais le mot a plusieurs sens. Le nationalisme français, tel qu'il est apparu à la fin du XIXe siècle, était éminemment politique et tourné vers l'opposition à la République parlementaire. Tout imprégné de xénophobie et d'antisémitisme, il inspirait des ligues prêtes à renverser le régime en place pour y substituer un pouvoir fort, monarchique ou républicain selon les différents courants. Charles de Gaulle, lui aussi antiparlementaire, lui aussi désireux de servir sous un gouvernement qui gouverne, n'a cependant jamais manifesté les intentions subversives d'un Paul Déroulède, qu'il pouvait admirer par ailleurs.

Issu d'une famille catholique pratiquante, de tendance monarchiste et foncièrement de droite, de Gaulle a été et est resté un républicain « de raison », comme son père qui se disait « monarchiste de regret ». Il dira clairement à Peyrefitte : « Je n'aime pas la République pour la République. Mais comme les Français y sont attachés, j'ai toujours pensé qu'il n'y avait pas d'autre choix. » Sans doute a-t-il lu Barrès et Maurras, les chantres du nationalisme de la Belle Époque, mais il en a pris et il en a laissé. Contrairement à Barrès, nul antisémitisme chez lui. Contrairement à Maurras, une vision de l'histoire qui intègre la grandeur militaire de la Révolution, qui exalte Carnot et les jeunes généraux dont Hoche est un modèle. Peut-être a-t-il été davantage sensible à la pensée de Péguy, devenu nationaliste, mais dans un sens plus syncrétique, plus spirituel, plus universaliste. De Gaulle appartient à la génération de ceux qu'Agathon (pseudonyme d'Henri Massis et Alfred de Tarde) avait décrits dans son enquête de 1912, *Les Jeunes Gens d'aujourd'hui* : une nouvelle vague qui renouait, sur les ruines du matérialisme et contre le pacifisme, avec le patriotisme, le catholicisme, le goût du sport et des armes. Dans *La France et son armée*, de Gaulle évoque « l'avènement des Boutroux, des Bergson, qui renouvellent la spiritualité française, le rayonnement secret d'un Péguy, la maturité précoce d'une jeunesse qui sent venir la moissonneuse, dans les lettres l'influence d'un Barrès, rendant à l'élite conscience de l'éternité nationale en lui découvrant les liens qui l'attachent aux aïeux […] ».

Mais si de Gaulle récuse un nationalisme qui serait l'exaltation de la nation au détriment des autres, nul doute qu'il juge la France comme chargée d'une mission, « faite pour l'exemple, toujours en vedette de l'Histoire ». Un document — une note dans le cadre du Conseil supérieur de la Défense nationale —, inédit jusqu'à sa publication en 1990 et consacré à ce que seraient les buts de guerre de la France en cas de nouveau conflit, atteste ce nationalisme qui n'est pas indemne de chauvinisme. Mais il est notable que ce texte, d'une ambition démesurée

— n'envisageait-il pas notamment « la déchéance des régimes politiques de certains États qui constituent [...] une menace latente contre nous (bolchevisme, fascisme...) » —, défendait aussi le principe d'une « Société des Nations universelle, organisée en conséquence, disposant de moyens de contrôle et de forces propres et procurant à ses membres une sécurité latente aussi complète que possible ». Ce principe de sécurité collective était plus proche des idées du parti socialiste que de la droite « nationale ».

Pour faire avancer et réaliser ses idées, l'auteur de *Vers l'armée de métier* est disposé à sonner à toutes les portes du Parlement, et si, finalement, c'est l'oreille et l'appui de Paul Reynaud, député de droite, républicain modéré, qu'il atteint, il n'a pas hésité à plaider sa cause auprès du socialiste Léon Blum et du radical Édouard Daladier. Il a aussi exposé ses thèses dans *L'Aube*, le quotidien des démocrates-chrétiens, et adhéré en 1940 aux amis de *Temps présent*, hebdomadaire de la gauche catholique. Inclassable sur l'éventail politique, parce que ses idées y ont peu de représentants, on peut l'identifier comme une des voix de la droite antimunichoise, peu audible, si faible politiquement. Au moment de Munich, il écrit à sa femme : « Comme d'habitude, nous capitulons sans combat devant les insolentes exigences des Allemands et nous livrons à l'ennemi commun nos alliés tchèques. L'argent allemand et la monnaie italienne ont coulé à flots ces jours-ci dans toute la presse française, surtout dans celle qui est dite "nationale" (*Le Jour*, *Gringoire*, *le Journal*, *le Matin*, etc.) pour persuader notre pauvre peuple qu'il fallait lâcher et le terroriser par l'image de la guerre. La série des humiliations se poursuit. »

La pensée politique de Charles de Gaulle tourne autour d'une idée centrale : la défense de l'intégrité du territoire et de l'unité nationale. L'armée en est le garant. Le type de régime politique est secondaire, pourvu que celui-ci soit pénétré par ce devoir de défense nationale. Cela suppose une nécessité d'adaptation aux circonstances nouvelles, et notamment à l'évolution technique, qui fait de la force mécanique la future reine des batailles. À rebours du pacifisme dominant, à droite comme à gauche, il croit la guerre toujours possible et le danger allemand évident. On pourrait dire qu'il est apolitique, si ses résolutions, toutes militaires qu'elles soient, n'étaient pas fondamentalement politiques. La nouvelle guerre mondiale allait en faire la démonstration.

Entre la Grande Guerre et le nouveau conflit qui éclate en 1939, de Gaulle avait mûri des idées dans le cœur de ses convictions. Par sa personnalité, fortifiée par l'expérience, ses lectures, sa connaissance de l'histoire, il tranche sur ses compatriotes, galonnés ou non. Il récuse les idées reçues de l'École de guerre ; il s'emploie à faire adopter par l'armée une nouvelle stratégie ; il se démarque du pacifisme ambiant, jugeant la guerre toujours possible. Le caractère nourrit chez lui l'anticonformisme. L'individu historique, qu'il n'est pas encore, mais, n'en doutons pas, qu'il aspire à devenir, a commencé par réfléchir sur les choses de la guerre depuis la défaite allemande de 1918 jusqu'à la certitude d'une impérieuse nécessité, une nouvelle armée adaptée à la force mécanique. Il a serré les poings au lendemain de la capitulation de Munich. L'esprit militaire l'a formé ; l'esprit politique lui est venu : il faut sauver la patrie.

II

FAIRE LA FRANCE LIBRE

La guerre ne prend pas de Gaulle au dépourvu, mais il enrage : les conceptions militaires de l'état-major n'ont pas varié. La ligne Maginot en est l'instrument et le symbole : on se carre derrière elle comme sous un rempart infranchissable, alors que Hitler envahit la Pologne, alliée de la France. Commence alors cette « drôle de guerre » dans la logique de l'esprit munichois, celle du refus de la guerre. On reste à la frontière, on piétine, au risque de porter atteinte au moral des troupes qui stagnent dans une inactivité délétère. Jean-Paul Sartre, dans ses *Carnets de la drôle de guerre*, notait le 26 novembre : « Tous ces hommes qui sont partis avec moi étaient gonflés à bloc au départ… » On se disait, écrit-il encore, qu'il y en avait bien pour six ans ; on ne voulait pas tomber dans la chimère de « la promenade militaire » répandue en 1914. Et puis… le temps passe, mais rien ne se passe, et « ils étouffent d'ennui ».

Nommé par intérim commandant des chars de la Ve armée à Wangenbourg en Alsace, de Gaulle maugrée contre l'immobilisme. La victoire allemande sur la Pologne le confirme dans ses convictions sur « l'armée mécanique » et il se désole de l'incompréhension des autorités françaises. Léon Blum raconte qu'à l'issue d'un dîner chez le ministre des Finances Paul Reynaud, à la mi-janvier 1940, le colonel de Gaulle, lui-même invité, retient son attention dans la rue : « Les quelques douzaines de chars légers qui sont rattachés à mon commandement sont une poussière [...]. Je crains que l'enseignement de la Pologne, pourtant si clair, n'ait été récusé de parti pris. On ne veut pas que ce qui a été réussi là-bas soit exécutable ici. [...] Si nous ne réagissons pas à temps, nous perdrons misérablement cette guerre. Nous la perdrons par notre faute. » Peu de temps après, Léon Blum reçut de la part du colonel de Gaulle un mémoire sur « l'Avènement de la force mécanique », dont quatre-vingts exemplaires étaient envoyés simultanément le 26 janvier 1940 aux personnalités les plus diverses, dont le président du Conseil Édouard Daladier, les généraux Gamelin et Weygand et le ministre Paul Reynaud. De Gaulle y reprenait les thèses de *Vers l'armée de métier*, mais illustrées et actualisées par la guerre de Pologne. Il annonçait un conflit « marqué par des mouvements, des surprises, des irruptions, dont l'ampleur et la rapidité dépasseront infiniment celles des plus fulgurants événements du passé. Beaucoup de signes annoncent déjà ce déchaînement des forces nouvelles ». Une fois de plus, il prêche dans le désert. Il se révolte dans sa correspondance contre la stagnation : « Être inerte, c'est être battu. » Le 3 mai encore, dans une lettre à Paul Reynaud, il lance un appel à la suite des événements de Norvège et de Pologne, qui ont administré la preuve qu'il n'y a plus aujourd'hui d'entreprise militaire possible qu'en fonction et à la mesure de la force mécanique. « Or, écrit-il, le système français est conçu, organisé, armé, commandé, en opposition de principe avec cette loi de la guerre moderne. Il n'y a pas de nécessité plus absolue, ni plus urgente, que de réformer radicalement ce système. »

Entre-temps, le 21 mars, Daladier, mis en minorité, cède la place à Reynaud, investi à une voix de majorité. L'occasion paraît offerte à de Gaulle, grâce à ses relations avec le nouveau président du Conseil, de sortir de son rôle de Cassandre et d'infléchir la stratégie ultra-défensive du commandement.

Le refus de capituler

Reynaud est décidé à se battre, et de Gaulle rédige à sa demande sa déclaration d'investiture, mais ne peut parer à la vulnérabilité d'un gouvernement investi grâce à une seule voix d'écart. Le colonel assiste à la séance de l'Assemblée la mort dans l'âme, saisissant le défaitisme qui y plane. Au fond, bien des parlementaires soutenus par une grande partie de la presse voudraient terminer cette guerre qui n'aurait pas dû être déclarée. Reynaud s'entoure de ministres qui n'aspirent qu'à la paix immédiate. De Gaulle est renvoyé au front, chargé du commandement par intérim de la 4ᵉ DCr à mettre sur pied. À partir de l'attaque allemande, lancée le 10 mai, les événements se précipitent.

Soutenues par l'aviation, les divisions blindées allemandes franchissent les Ardennes, repoussent les forces franco-britanniques vers le nord, foncent en direction de Paris. La ligne Maginot n'était qu'un leurre. À la tête de la 4ᵉ division cuirassée, encore incomplète, de Gaulle lance le 17 mai ses blindés sur Montcornet et parvient à freiner la progression des chars allemands. Cet épisode sera repris dans ses *Mémoires de guerre*, pour montrer ce qu'un corps d'élite cuirassé aurait pu faire s'il avait existé. Est-ce, alors, trop tard ? Nommé le 25 mai général de brigade temporaire, de Gaulle est appelé le 6 juin par Reynaud au poste de sous-secrétaire d'État à la Défense. Mais Weygand, remplaçant Gamelin comme général en chef, et Pétain, qui prend son ancien protégé pour un naïf, le font interdire de présence aux délibérations sur la guerre du Conseil. De Gaulle n'en suggère pas moins à Paul Reynaud, le 7 juin, de constituer un « réduit breton », où le gouvernement continuerait la lutte contre l'envahisseur, avant de passer en Afrique du Nord puis dans le reste de l'Empire. Il faudrait pour commencer que le gouvernement remplace Weygand, vice-président du Conseil, dont le défaitisme est avéré. Mais Reynaud, prisonnier de son entourage, ne désespérant pas de rétablir l'union entre ses ministres (« Je ne veux pas couper la France en deux ! »), n'en fera rien.

Le 9 juin, à sa demande, de Gaulle s'envole pour Londres réclamer du gouvernement britannique le renforcement de ses forces sur le continent. Le War Office lui promet l'envoi de quatre divisions. De Gaulle obtient une entrevue avec le Premier ministre Churchill, qui a remplacé Chamberlain le 10 mai précédent. Il rencontre un chef de gouvernement décidé à poursuivre la lutte, mais on ne peut plus sceptique sur les capacités françaises à lancer une contre-offensive. Dès cette première rencontre, il a apprécié la trempe du Britannique et a gagné aux yeux de celui-ci une légitimité que lui conférait son poste dans le gouvernement français : « Sans cette nomination, confiera Maurice Schumann, rien n'aurait été possible par la suite. »

Le 14 juin, les Allemands ont pénétré dans Paris, décrétée ville ouverte à la demande de Weygand. Depuis le 10, le gouvernement a quitté la capitale, pris la route de la Loire où se succèdent ses conseils de château en château. À Briare, où se tient le Conseil suprême interallié, en présence de Churchill, de Gaulle est présent. Mais le 12, au château de Chissay, il apprend de Reynaud que Pétain et Weygand, au cours d'un conseil au château de Cangey où il n'était pas invité, se sont déclarés favorables à un armistice rapide. Le 13, au lieu de gagner Quimper, comme le souhaitait de Gaulle, le gouvernement part pour Bordeaux. Weygand et Pétain ont persuadé Reynaud de poser aux Britanniques la question de l'armistice : « Malgré l'accord du 28 mars 1940, qui exclut toute suspension d'armes séparée, l'Angleterre accepterait-elle que la France demandât à l'ennemi quelles seraient, pour elle-même, les conditions d'un armistice ? » À Bordeaux, Reynaud assure à de Gaulle qu'il continuera la guerre en Afrique du Nord, et il lui permet de repartir pour Londres afin d'en avertir Churchill et demander leur aide aux Britanniques pour le transport maximum des troupes françaises. Sans avion disponible, de Gaulle gagne Brest par la route, d'où il s'embarque pour Plymouth ; il est à Londres à l'aube du 16 juin. L'ambassadeur Charles Corbin et Jean Monnet, chef de la mission d'achats franco-britannique, lui présentent le projet qu'ils ont imaginé avec des membres du Foreign Office : unir la France et l'Angleterre sous un même gouvernement, afin de réunir toutes leurs forces et leurs ressources. Churchill a donné son accord.

De Gaulle revient à Bordeaux dans un avion que le Premier ministre britannique a mis à sa disposition. Mais, atterri dans la soirée, il apprend que Reynaud, démissionnaire, vient d'être remplacé par le maréchal Pétain. Le Conseil des ministres qui suit enterre le projet de fusion franco-britannique. Quelques heures plus tard, Pétain fait transmettre par l'Espagne une demande d'armistice à Hitler. Le lendemain 17 juin, Reynaud apprend le projet du général de repartir pour l'Angleterre d'où il veut continuer la lutte ; il ne le suivra pas, mais il lui fait remettre une somme de 100 000 francs provenant des fonds secrets. L'après-midi, de Gaulle gagne Londres, en compagnie d'Edward Spears, dans le petit avion mis à sa disposition la veille par l'envoyé personnel du Premier ministre auprès du gouvernement Reynaud. « Je m'apparaissais à moi-même, écrira-t-il dans ses *Mémoires*, seul et démuni de tout, comme un homme au bord d'un océan qu'il prétendait franchir à la nage. »

Il ne sait pas encore ce qu'il va faire, ce qu'il va devenir, de quels appuis il pourra disposer dans sa volonté d'insoumission. Car il sait au moins ce qu'il ne veut pas : accepter l'armistice qui se prépare. Guidé par Spears, il se rend à Downing Street où Churchill le reçoit avec empressement. Depuis leur première rencontre, le vieux lion au cigare et le général interminable se portent une estime réciproque. Le Britannique a compris que cet officier d'outre-Manche « jeune et énergique » est son allié ; le Français est convaincu de la détermination du Premier ministre face à Hitler. En France, le maréchal Pétain a lancé sur les ondes un ordre honteux : « C'est le cœur serré que je vous dis aujourd'hui qu'il faut cesser le combat », alors même que l'armistice n'est pas signé. De Gaulle, incontinent, décide de lancer un appel le lendemain sur les ondes de la BBC ; il s'agit pour lui de « sauver l'honneur de la France ».

Il écrit le texte de son appel le lendemain matin 18 juin, mais il est repoussé par les autorités britanniques qui, dans l'attente des conditions de l'armistice, croient devoir garder le lien avec le gouvernement de Bordeaux. Le sort de la marine française est devenu le principal enjeu : il importe qu'elle ne tombe pas aux mains des Allemands. Spears, cependant, finit par convaincre Churchill de laisser de Gaulle prononcer son discours. L'Appel est ainsi diffusé le 18 juin à 22 heures, à la fois sur ondes courtes, ondes moyennes et grandes ondes. Son texte, celui qui figurera dans les *Discours et Messages*, n'est pas exactement celui qui a été récusé par le cabinet de guerre britannique avant que Churchill n'accorde son autorisation. Il lui fallait atténuer la condamnation du gouvernement français qui, « alléguant la défaite de nos armées, s'est mis en rapport avec l'ennemi pour cesser le combat » par une formule qui sauvegardait l'espoir d'une réaction de la part de Pétain : « Le gouvernement français a demandé à l'ennemi à quelles conditions pourrait cesser le combat. Il a déclaré que, si ces conditions étaient contraires à l'honneur, la lutte devait continuer. » Toutefois, les deux versions s'achèvent par un même cri de guerre : « La flamme de la résistance française ne doit pas s'éteindre et ne s'éteindra pas. »

Résistance ! Le mot est lâché. Le lendemain, 19 juin, il voudrait durcir le ton, condamner un gouvernement « tombé sous la servitude ennemie » et, « au nom de la France », appeler au refus les forces présentes en Afrique. Mais le Foreign Office lui interdit de parler. La diplomatie britannique espère encore pouvoir négocier avec le gouvernement français aux fins d'obtenir la mise de la flotte française hors de portée des Allemands. De son côté, le gouvernement de Pétain a enjoint à de Gaulle de rentrer en France sans délai. Il prend patience. Le 22 juin, l'armistice est signé à Rethondes ; le soir même, de Gaulle est autorisé à reprendre la parole à la radio de Londres, après que Churchill lui-même eut condamné à la BBC les conditions inacceptables de l'armistice signé par l'allié français. Jusqu'au 26 juin, chaque soir, de Gaulle réitère ses appels aux Français, ce qui lui vaut sa mise à la retraite d'office à titre disciplinaire.

Pétain utilise aussi la radio pour défendre sa politique et rejeter les accusations de Churchill : « Les Français sont certains de montrer plus de grandeur en acceptant leur défaite qu'en lui opposant des propos vains et des projets illusoires. » Le patriarche donne l'explication de la défaite : le « relâchement des

Français », « l'esprit de jouissance [qui] a détruit ce que l'esprit de sacrifice a édifié ». Il moralise, il annonce un « ordre nouveau », sans jamais faire référence à la politique militaire dont lui, Pétain, est un des responsables en tant qu'ancien ministre de la Défense. Le lendemain, 26 juin, de Gaulle réplique. Après avoir énoncé sa responsabilité dans le mauvais système de défense, il accuse : « Ah ! pour obtenir et accepter un tel acte d'asservissement, on n'avait pas besoin de vous, Monsieur le Maréchal, on n'avait pas besoin du vainqueur de Verdun. N'importe qui aurait suffi. » Et, plus loin : « Une autre voie est ouverte, celle du courage : la France se relèvera, mais non pas sous la botte allemande et l'escarpin italien. Elle se relèvera dans la liberté. Elle se relèvera dans la victoire. » La réponse du général de brigade quasi inconnu au maréchal auréolé de prestige est plus qu'un acte d'insubordination : c'est aussi un acte d'accusation et un acte révolutionnaire contre un gouvernement officiel en place. Le 3 août, il sera condamné à mort par contumace.

Qui est alors Charles de Gaulle ?

En octobre 1942, il écrira à Roosevelt : « Je n'étais pas un homme politique. Toute ma vie, j'étais resté strictement enfermé dans ma spécialité. […] C'est d'abord sous une forme militaire que je me suis adressé au pays. » L'engagement politique a suivi par nécessité. Il a été au commencement de cet affrontement avec Pétain en 1940 un sous-secrétaire d'État à la Défense qui, une fois le relais transmis par Paul Reynaud à Philippe Pétain, est redevenu un soldat comme les autres. Mais différent des autres, un réfractaire. Hostile au nouveau gouvernement qui, à peine constitué, s'est empressé de demander à Hitler les conditions d'armistice, il a rompu les ponts par un acte de désobéissance. À Londres, il ne devient pas d'emblée le chef de ceux qu'il a appelés le 18 juin à la résistance ; il en est d'abord le héraut, la voix publique, le symbole. Il n'est qu'un général de fraîche date, « à titre temporaire », et sa carrière politique s'est bornée à onze jours de sous-secrétariat d'État dans un gouvernement en perdition. Qui le connaît ? Ses livres d'avant la guerre n'ont eu qu'une diffusion limitée. Il ne se voit pas d'emblée dans le rôle d'un Carnot ; il espère que des hommes politiques connus viendront à Londres prendre la tête d'un contre-gouvernement de résistance. Churchill et son cabinet en nourrissent l'espoir, mais ils doivent se rendre à la réalité : le général de Gaulle est seul, entouré de volontaires anonymes. Les diplomates en poste ont, pour la plupart, à l'instar d'un Paul Morand, préféré regagner la France. Le 23 juin, de Gaulle avait proposé à Churchill la formation d'un « Comité national fran-çais », où figureraient des « personnalités représentatives », tels André Maurois ou Henri de Kérillis. Il avait espéré rallier Paul Reynaud lui-même, mais celui-ci, nommé par Pétain ambassa-deur aux États-Unis, n'avait pas donné suite. Dès lors, le Pre-mier ministre britannique s'est décidé à adouber ce rebelle, inconnu certes mais plein de panache, dans lequel il apprécie une foi, une conviction, une capacité d'entraînement : le 28 juin, son gouvernement reconnaît Charles de Gaulle comme « chef de tous les Français libres, où qu'ils se trouvent ». Cette décision, annoncée le soir même à la BBC, est de grande consé-quence, qui confère au jeune général la dignité d'un chef poli-tique, incarnation des Français qui ont refusé la reddition et se maintiennent ou s'engagent dans la guerre aux côtés de la Grande-Bretagne. La personne de De Gaulle a changé de dimension sous le patronage de Winston Churchill.

Voilà le premier élément de sa légitimité : la reconnaissance de l'allié britannique. Il lui en faut un autre : un territoire, sur lequel s'exercera sa souveraineté. Parallèlement à ses appels à la

BBC, il s'évertue à gagner à sa cause les colonies françaises restées libres. En principe ces terres de l'Empire sont administrées par le gouvernement français ; mais il n'est pas dit que tous les gouverneurs, tous les administrateurs, tous les soldats, toutes les populations d'outre-mer resteront sous la coupe du gouvernement capitulard. Cinq hommes, envoyés par de Gaulle, partiront en Afrique à la fin de l'été pour rallier les territoires : André Parant, Claude Hettier de Boislambert, René Pleven, le capitaine Philippe de Hauteclocque, qui a pris le nom de « Leclerc » à son arrivée à Londres le 25 juin, et un peu plus tard le colonel de Larminat. Dans cette perspective, l'Afrique du Nord devait jouer le rôle principal, mais le général Noguès, personnalité marquante, gouverneur général du Maroc, a préféré se maintenir dans l'attentisme. Les établissements français de l'Inde, Tahiti, la Nouvelle-Calédonie, et surtout le Tchad sont les premiers adhérents à la France libre. C'est du Tchad que partiront plus tard les premiers assauts de Leclerc vers la Libye.

Dans cette conquête d'une base de souveraineté, un drame se produit, l'échec de la prise de Dakar par la flotte anglaise le 25 septembre 1940, quelques semaines après un autre drame, celui de Mers el-Kébir. Par deux fois, en effet, ce sont des soldats et des marins français qui ont été les victimes. Soucieux d'empêcher la flotte française de tomber aux mains de Hitler, Churchill avait lancé le 3 juillet 1940 l'opération « Catapult » en rade d'Oran. Un ultimatum était lancé à l'amiral Gensoul, commandant de la flotte mouillée à Mers el-Kébir, qui devait choisir entre l'alliance avec l'Angleterre, se faire désarmer ou se rendre aux Antilles. Sur le refus entêté de l'amiral, trois bâtiments, fleurs de la marine française, étaient coulés et près de quinze cents hommes tués. À cette nouvelle, de Gaulle manifesta d'instinct sa colère, mais dut admettre le caractère inéluctable de l'opération. Ces navires ne pouvaient être laissés « à la discrétion de l'ennemi », dira-t-il dans un discours quelques jours plus tard : « Quoi qu'il arrive, nos deux grands peuples demeurent liés l'un à l'autre. » Mais à Vichy l'épisode tragique de Mers el-Kébir allait confirmer dans leur hostilité les détracteurs du général de Gaulle.

Churchill avait convaincu lui-même de Gaulle d'une opération contre Dakar menée par la Royal Navy avec l'aide des Français libres. Mal préparée, se heurtant à une forte résistance de la part des forces françaises restées fidèles à Pétain, l'opération, au cours de laquelle des Français ont tiré sur des Français — près de deux cents de part et d'autre avaient péri — se révèle un fiasco qui coûte cher en premier lieu à la réputation du général de Gaulle. On a beaucoup parlé du désespoir profond du Général, tenté de se « brûler la cervelle » après le terrible échec. Mais l'homme de caractère fait front, refusant de prendre cet échec comme une sanction.

Il entreprend un long voyage en Afrique française à l'automne. Le 8 octobre 1940, il débarque à Douala, capitale du Cameroun, où il est accueilli par Leclerc. Pour la première fois il est ovationné par une foule qui scande son nom, la meilleure façon de lui faire oublier Dakar. À la mi-octobre, il s'envole pour le Tchad, dont le gouverneur Félix Éboué est un rallié de la première heure. C'est à Fort-Lamy (aujourd'hui N'Djamena) qu'il a une longue entrevue avec le général Georges Catroux qui, bien que supérieur en grade, se place sous ses ordres. À Brazzaville, au Congo, des foules, comme au Tchad, lui font une marche triomphale. Là, le 27 octobre, de Gaulle prend une décision hautement politique, la formation d'un Conseil de défense de l'Empire, dont font partie, entre autres, Larminat, Éboué, Leclerc, Muselier, Catroux, Cassin, d'Argenlieu. La

création de cette structure politique s'accompagne d'un manifeste, par lequel de Gaulle s'engage à rendre compte de ses actes
aux représentants du peuple français quand ceux-ci auront pu
être « désignés librement ». En attendant, il sera le seul chef,
épaulé par le Conseil. Le 24 octobre, le maréchal Pétain avait
rencontré Hitler à Montoire et scellé sa collaboration avec
l'Allemagne. L'initiative de Brazzaville était une réplique : face
au gouvernement assujetti de Vichy, la France libre constituait
une autre France, un autre gouvernement sur le socle de
l'Empire.

Au début de novembre, sa base territoriale s'agrandissait en
Afrique avec le Gabon. Leclerc et d'Argenlieu avaient dirigé une
action contre Libreville, s'étaient emparés de Port-Gentil et de
Lambaréné. Une nouvelle fois des Français s'étaient opposés en
armes à d'autres Français. Ce n'était pas ce qui indignait
Churchill et sa diplomatie. C'était l'action indépendante du
général de Gaulle, la création de son Comité de défense de
l'Empire, toutes choses qui nuisaient à une politique britannique soucieuse de ménager encore Vichy. Quand il rentre à
Londres le 17 novembre, de Gaulle n'est pas reçu très chaleureu-
sement. En 1941, il n'en continue pas moins à rallier des terres
administrées par Vichy. Il demande aux Anglais d'appuyer
l'action des Forces françaises libres (FFL) en Syrie, dont les aéro-
ports sont convoités par l'Allemagne. L'attaque de la Syrie est
exécutée sous le commandement britannique, après que de
Gaulle eut pris l'initiative de déclarer l'abolition du Mandat de
la France sur la Syrie et le Liban et leur future indépendance.
Malgré l'appel du chef de la France libre et du général Catroux,
les forces vichystes opposent, comme à Dakar, une vigoureuse
résistance à l'assaut du 8 juin 1941. Après plusieurs semaines de
combats sanglants, la Syrie et le Liban passent, au grand dam du

gouvernement britannique, sous le contrôle de la France libre, Catroux devenant « délégué général et plénipotentiaire au Levant », sur l'ordre du général de Gaulle arrivé le 23 juin à Damas.

Indépendance et Unité

Cet épisode dramatique de Syrie confirme l'intransigeance de De Gaulle dans sa volonté de faire administrer par la France libre les territoires conquis ou ralliés de l'Empire colonial français. Ce qui ne va pas de soi aux yeux des Britanniques et des Américains entrés en guerre à la fin de 1941. Le Général sait parfaitement qu'il ne pourrait guère avancer ses pions sans l'appui de son allié d'outre-Manche. Dans la bataille de Syrie, face aux troupes restées fidèles à Pétain, trois mille soldats britanniques furent tués, soit trois fois plus que dans les rangs des Français libres. Tout autre que de Gaulle se serait incliné devant les exigences des Anglo-Saxons. Il n'a pour lui que les ressources de sa volonté, de son culot, de sa manière impérieuse, de la virulence de son verbe, qui laissent interdits ses interlocuteurs, tel Oliver Lyttleton, l'envoyé de Churchill. Il fait « comme si », selon sa formule, comme s'il était en état de négocier d'égal à égal avec les Alliés. Lyttleton, que cite Jean-Louis Crémieux-Brilhac, en parle de manière assez drôle : « Le général de Gaulle avait compris comment traiter avec les Anglo-Saxons : il s'offensait au moindre prétexte [...]. Il n'a jamais rien laissé passer. Il relevait avec passion tout impair, toute maladresse ou toute impolitesse. C'est ainsi, et non par la souplesse et par l'urbanité, qu'il se fit respecter et, les anglophones ayant horreur des scènes et ne supportant pas d'être taxés de manque de tact, d'irréflexion ou de déloyauté, qu'il parvint à une situation qu'aucune diplomatie de la complaisance n'aurait pu lui valoir. » Pendant toute la durée de la guerre, au risque de perdre l'amitié de Churchill, bravant l'hostilité de Roosevelt, on le voit camper sur ses positions et refuser toute espèce de mainmise alliée sur les terres françaises. « Quand nous débarquerons un jour, sur le sol français proprement dit, lance-t-il aux Alliés, invoquerez-vous les droits du commandement pour prétendre gouverner la France ? »

Cette volonté d'indépendance inébranlable, cette intransigeance si souvent insupportable, ce qu'on pourrait juger une arrogance mal placée de la part d'un chef dont les troupes sont si modestes, toute l'attitude et les prétentions du général de Gaulle auront exaspéré Churchill. Le Premier ministre britannique est mortifié et souvent ivre de colère. Il y a entre le Français altier et l'aristocrate anglais une guerre psychologique, ponctuée d'échanges violents et de scènes de réconciliation. Secrètement, le Premier ministre admire le chef de la France libre, son audace, son autorité, son patriotisme — comme l'attestera le portrait qu'il fera du Général dans ses Mémoires —, mais il est exaspéré par ses refus, ses rebuffades et son hostilité à l'hégémonie britannique. L'entente cordiale ne sera jamais rompue mais souvent suspendue, mise entre parenthèses. Il arrivera à Churchill de refuser à de Gaulle la sortie de la Grande-Bretagne et de l'interdire d'antenne. Depuis l'entrée des États-Unis dans la guerre, l'Anglais s'aligne de plus en plus sur les positions de Roosevelt. Le président des États-Unis, lui, n'a jamais nourri, contrairement à Churchill, de la sympathie pour de Gaulle, en qui il voit un dictateur en herbe, voire un « fasciste ». Trop de conseillers, souvent français, lui font du Général le portrait désavantageux d'un ambitieux politique, bouffi d'orgueil, tyrannique et antidémocrate. Le pire, pour de Gaulle, sera la volonté de neutralisation exercée par les Anglo-Saxons, qui le tiendront à l'écart des projets de débarquement en Afrique du Nord en 1942, comme en Normandie en juin 1944, tout comme des conférences internationales, celle de Téhéran ou celle de Yalta.

Le mauvais traitement infligé à de Gaulle ne tient pas seulement à sa personnalité inconfortable ; il renvoie à la diplomatie des Alliés envers Vichy, dont les Britanniques comme les Américains espèrent toujours et pour longtemps, sinon une alliance en bonne et due forme, du moins une complicité contre l'Allemagne. Ils ménagent Pétain et les siens tandis que de Gaulle ne se fait aucune illusion sur un hypothétique retournement de la part d'un gouvernement qui a signé non seulement l'armistice, le crime originel du régime, mais encore un pacte de collaboration avec Hitler.

Pour imposer sa politique, de Gaulle n'hésite pas à tirer profit de l'entrée en guerre de l'URSS. Sur le régime soviétique, il n'est pas complaisant, mais, face aux Anglo-Saxons, il joue la carte de l'alliance à l'Est. C'est ainsi qu'en septembre 1941, l'URSS a reconnu le récent Comité national français, auprès duquel elle accrédite l'ambassadeur Bogomolov. Une variante des *Mémoires de guerre* est explicite à ce sujet : « Ce n'était pas évidemment que la Russie en guerre pût compter de notre part sur un concours matériel notable. Mais il était facile de dénoter dans l'attitude des Soviets d'abord l'intention de trouver en nous au-dedans du camp allié un contrepoids à la prépondérance des Anglo-Saxons, ensuite le désir que notre influence relativement plus grande que nos forces les aidât à sortir de l'isolement moral où ils se trouvaient relégués, enfin la volonté de s'entendre un jour spécialement avec la France pour la réorganisation de l'Europe. Dans ce domaine, la Russie était sûre de trouver en nous des interlocuteurs bien disposés. »

Au demeurant, pour se faire respecter des Alliés, il fallait pour de Gaulle démontrer que les armées de la France libre n'étaient pas imaginaires ; qu'elles pouvaient seconder efficacement, sur certains terrains de la guerre, leurs propres forces. À cet égard, s'il est un événement notable, c'est bien la victoire du Français Kœnig sur l'Allemand Rommel à Bir Hakeim en juin 1942. Cinq mille soldats français avaient bloqué l'offensive allemande vers Tobrouk, c'était pour la France libre une première victoire militaire. Le mois suivant, Churchill et Roosevelt reconnaissaient la mutation de la France libre en « France combattante ».

Pour autant, la querelle entre de Gaulle et les Alliés va prendre sa plus vive intensité au lendemain du débarquement au Maroc et en Algérie, le 8 novembre 1942. Refusant toute mainmise des gaullistes sur l'Afrique du Nord, où les forces armées françaises restent fidèles à Vichy après avoir résisté aux troupes débarquées, les Alliés confient le pouvoir civil et militaire à l'amiral Darlan, ancien chef du gouvernement pétainiste, de présence fortuite en Algérie, au grand dam du Général qui s'indigne auprès des Américains. L'assassinat de Darlan, le 24 décembre 1942, ne change pas la politique anti-gaullienne des Alliés, qui prennent le parti du général Giraud, évadé d'Allemagne et lui-même proche du maréchal Pétain. Une lutte, tantôt sourde, tantôt violente, s'engage alors entre de Gaulle et Giraud, entre le Comité national français et les Alliés, sur le pouvoir gouvernemental en Algérie. De Gaulle ne pourra rejoindre Alger que le 30 mai 1943. Le 3 juin est créé le Comité français de libération nationale (CFLN), qui sera reconnu le 26 août par les Alliés. À sa tête, le général de Gaulle partage le pouvoir avec le général Giraud, mais celui-ci est bientôt réduit à ses fonctions militaires. Roosevelt, cependant, ne reconnaîtra de Gaulle chef du gouvernement français qu'en octobre 1944, trois mois après le débarquement en Normandie.

À ce « perpétuel refus de dépendance et d'abandon », s'ajoutait pour de Gaulle un autre impératif, celui du rassemblement et de l'unité de la Résistance. C'est sous son autorité qu'il entend bien souder la France libre. Les contestations n'y manquent pas. La crainte de certains porte sur la légitimité démocratique du Général, qui, du reste, agit alors, comme il l'écrira, en dictateur « momentané ». Quels garants politiques offre ce militaire quasi inconnu, sans mandat, aux manières rigides, dédaigneux, distant, hautain, intraitable ? Il doit compter sur l'indiscipline des uns, les ambitions des autres, sur ceux qui contestent ses choix stratégiques ou politiques. L'une des personnalités les plus réfractaires à son commandement suprême est l'amiral Muselier, avec lequel il entretient des rapports épineux : « Quel que puisse être mon désir d'employer vos qualités, il est absolument nécessaire que vous adoptiez immédiatement une attitude plus disciplinée et pondérée. » Leur rupture sera définitive au printemps de 1942. Mais de Gaulle fait preuve d'une même autorité sans faille sur ses seconds les plus proches et qui lui sont attachés, tel le général Catroux. Entre eux, ce sont deux manières de faire et aussi deux tempéraments qui s'opposent, on le voit dans l'affaire de Syrie et dans l'épisode algérien. Catroux évite la manière forte et brutale, ménage l'adversaire en place, préfère une démarche par étapes. Le but est le même : imposer la France libre et son chef à la tête des territoires de l'Empire reconquis mais encore aux mains des vichystes. De Gaulle, lui, refuse les compromis tant qu'il le peut, car il ne le peut pas toujours. Il a beau exploser contre le jeu des Anglo-Saxons, ce sont eux qui détiennent la puissance des armes. Malgré tout, il fait « comme si », désireux d'imposer ses vues coûte que coûte, et de faire obstacle au désir d'hégémonie britannique. En Syrie, pour Catroux, « l'esprit politique de temporisation doit prévaloir ». Mais de Gaulle refuse toute concession à Vichy, n'en déplaise à Churchill. De Londres, il écrit, en février 1941, son désaccord à Catroux, qui lui a présenté sa démission, en des termes comminatoires : « Je refuse évidemment votre démission. [...] Personne ne méconnaît l'importance du concours de votre personnalité au service de notre cause, qui est, non pas la mienne, mais celle de la patrie. Mais vous me permettrez, à moi qui suis, vous le savez, votre ami ardent et sincère, de vous dire que votre grandeur consiste précisément à apporter ce concours sans conditions ni susceptibilités. [...] Le devoir des chefs, y compris et surtout des plus grands, est de marcher tout droit dans l'union et dans la discipline. »

Ce n'est pas seulement la France libre qu'il lui importe de maintenir unie, avançant d'un seul pas, c'est l'ensemble de la Résistance, et au-delà c'est le peuple français qu'il vise à solidariser. Il l'exprimera dans ses *Mémoires de guerre* : « C'est le peuple entier, tel qu'il est, qu'il me faudra rassembler. Contre l'ennemi, malgré les Alliés, en dépit d'affreuses divisions, j'aurai à tenir autour de moi l'unité de la France déchirée. » Très vite, il s'applique à construire des passerelles entre le Comité de Londres et les organisations clandestines de la Résistance intérieure. De Londres, les messages codés sont chaque jour adressés aux mouvements. Rien n'est moins simple, car ces organisations qui se développent sur le sol métropolitain sont toutes jalouses de leur indépendance. Le parti communiste qui est entré officiellement, à partir de juin 1941, dans l'action clandestine, n'entend pas se mettre aux ordres de Londres. Inlassablement, les contacts sont pris, par l'intermédiaire des agents de la France libre bien introduits, soit dans les milieux syndicaux, comme Henri Hauck, soit dans les milieux parlementaires, comme Gaston Palewski. La grande étape de la convergence est réalisée en 1942 par Jean Moulin, l'ancien préfet qui a gagné Londres en septembre de l'année précédente. Grand commis de la République, de tendance radicale, ancien directeur de cabinet de Pierre Cot sous le Front populaire, Moulin s'entend parfaitement avec l'homme du 18-Juin. Il devient son émissaire, chargé d'unifier les mouvements de Résistance en métropole. Peu à peu, il assure la coordination des mouvements Combat, Libération et Franc-Tireur ; procède à la mise en place d'une « Armée secrète », où fusionnent les forces militaires, et dont la direction est confiée par de Gaulle au général Delestraint. De ce long travail d'approche, de contact, de liaison va résulter la création du Comité national de la Résistance (CNR), le 27 mai 1943, regroupant les représentants de toutes les organisations politiques hostiles à Vichy et engagées dans la résistance à l'occupant.

Il n'était pas a priori conforme aux idées du général de Gaulle, si hostile aux partis, à leurs jeux parlementaires, à leurs combinaisons de couloir, de faire appel à leurs représentants pour chapeauter l'ensemble de la Résistance intérieure. Mais son souci d'unité, renforcé par la conviction de Jean Moulin, lui a fait intégrer ce prix à payer à l'ancien régime des partis. Cette option est combattue par ceux, au premier rang Pierre Brossolette, qui envisagent de substituer aux anciens partis un vaste mouvement issu de la Résistance intérieure et de la France libre et appelé à gouverner la France libérée. De Gaulle a tranché contre ses propres inclinations, désireux de fédérer tout ce que la France était capable d'opposer à Vichy et à l'Allemagne. Cette unification de la Résistance française dans la

France combattante est aussi une caution de poids pour le Général dans ses démêlés avec les Alliés. Il acquiert de plus en plus, malgré leur défiance persistante, les attributs d'un chef d'État, et pas seulement d'un chef de guerre.

Dans ce travail d'unification s'est posé le redoutable problème du parti communiste. Un premier signe de ralliement est l'arrivée à Londres en janvier 1943 de l'ancien député communiste de Saint-Denis, Fernand Grenier, représentant officiel du PCF. L'adhésion de celui-ci à la France combattante, à la demande de Staline, est profitable aux deux parties. Les communistes y trouvent l'occasion de sortir de l'isolement où ils étaient confinés depuis 1940 tandis que de Gaulle bénéficie désormais du soutien, certes incommode, mais du soutien néanmoins, de la force la mieux organisée de la Résistance intérieure avec les FTP. Le 10 février 1943, le Général remercie les membres du comité central du PCF et se félicite de pouvoir compter désormais sur les francs-tireurs sous le commandement des Forces françaises combattantes : « Voilà une nouvelle preuve de votre volonté de contribuer à la libération et à la grandeur de notre pays. » Certes, les communistes obéissent d'abord à leur mouvement international dont Staline est le véritable chef, et les relations entre le chef de la France combattante et la direction du PCF ne seront pas un fleuve tranquille, mais, pour l'heure, grâce à Jean Moulin, grâce à ses émissaires en métropole, tel le colonel Rémy, l'ensemble des forces françaises antivichystes et anti-allemandes se trouva unifié sous la direction du général de Gaulle, unité qui sera accomplie après le retrait du général Giraud.

Dans ce processus, de Gaulle a dû clarifier ses positions politiques. Son anti-vychisme proclamé et actif n'en faisait pas nécessairement un républicain attaché aux libertés et traditions démocratiques. Son autorité sans appel, ses origines familiales, son métier même de soldat inclinaient à le soupçonner de bonapartisme. À vrai dire, on le sait, de Gaulle n'est pas, comme Clemenceau, un républicain de naissance, mais un républicain de raison. Deux réalités le renforcent dans son adhésion : l'idéologie antirépublicaine de Vichy, l'adversaire, et l'esprit républicain qui domine dans les organisations de Résistance. Publiquement, il assimile la lutte de la France combattante à celle de la République. Ainsi, le 11 novembre 1942, dans son discours prononcé à l'Albert Hall, à Londres, il proclame sa volonté de rétablir intégralement toutes les libertés françaises et de faire observer les lois de la République. Au-delà des mots, des affirmations dans ses harangues ou ses conférences de presse, de Gaulle a voulu mettre en place une ébauche des institutions républicaines de la France bientôt libérée. Le 3 juin 1943, il crée le Comité français de libération nationale. Le 3 novembre est inaugurée à Alger l'Assemblée consultative, comprenant des anciens parlementaires, des délégués des conseils généraux et des colonies, et, surtout, des représentants de la Résistance. Cette ébauche de Parlement était un gage de continuité démocratique et permettait à de Gaulle de se poser en chef de l'union nationale et en fondateur d'une France nouvelle :

> L'invasion et l'Occupation, disait-il, ont détruit les institutions que la France s'était données. Abusant de la détresse du peuple stupéfié par le désastre militaire et violant, d'ailleurs, leurs propres engagements, des hommes ont établi, d'accord avec l'ennemi, sur le sol de la Métropole, un régime abominable de pouvoir personnel, de mensonge et d'inquisition.

> Appuyés sur l'envahisseur, avec lequel ils se vantent de colla-
> borer, usant de tous les moyens imaginables de pression sur les
> corps de l'État et les individus, ces gens ont, littéralement, mis
> au cachot la nation souveraine. Il nous a fallu créer des pou-
> voirs provisoires, afin de diriger l'effort de guerre de la France
> et de soutenir ses droits.

Le parti communiste jouait son propre jeu, il est vrai, noyautait le CNR après l'arrestation et la mort de Jean Moulin ;
s'emparait de la direction des Forces françaises de l'intérieur
(FFI). On pouvait craindre la rupture entre le PCF et Alger.
Cependant, le 4 avril 1944, deux communistes — Billoux et
Grenier — devenaient membres du CFLN, transformé à partir
du 3 juin 1944 en Gouvernement provisoire de la République
française ; lequel sera reconnu le 23 octobre par les Alliés.

En dépit des divisions de la Résistance intérieure, en dépit
du rôle souterrain d'un parti communiste qui menace d'exercer à la Libération une action insurrectionnelle, le général de
Gaulle a réussi par ses initiatives, son prestige grandissant, sa
volonté de mettre la France libérée sous l'autorité de son gouvernement, à imposer aux Alliés une solution « française » qui
n'était pas de leurs plans.

L'insubordination originelle s'est révélée lourde de conséquences. C'est par cet acte inouï, cette audace impensable, cette
volonté orgueilleuse de continuer la guerre après la débâcle, que
le général de Gaulle va s'inscrire parmi les bâtisseurs de la
France nouvelle, en mettant la Résistance à l'ordre du jour, puis
en réussissant à l'unifier.

Pendant toutes ces années de guerre, de Gaulle avait fait montre de qualités et de défauts, de défauts qui devenaient des qualités, que l'on peut dire hors du commun. Rétrospectivement, le message du 18 juin 1940, à peine entendu sur le coup, allait devenir une légende, et son auteur un être d'exception. Ne fallait-il pas être fou pour prétendre incarner la France insoumise, la France tout court, quand on n'était qu'un général de brigade à titre temporaire, pratiquement inconnu, et alors que le peuple français dans la tourmente de l'invasion et de la défaite s'en remettait au maréchal Pétain, glorieux « vainqueur de Verdun » ? Fou, pour désobéir outrageusement quand on a passé sa vie antérieure dans la discipline des armées ? Ne fallait-il pas être insensé pour braver Churchill et Roosevelt, aux reins tellement plus solides, et sans lesquels la France libre ne pesait que des plumes ? Son action obstinée, à haute teneur de risque, s'est souvent développée sur le fil du rasoir. Il y avait plus que de l'outrecuidance dans sa démarche, une certaine forme de foi aveugle en lui-même doublée d'une ardente religion de la patrie, activant un dédain salutaire des réalités devant lesquelles d'autres que lui auraient plié. Il est vrai que sa superbe a pu cacher l'angoisse. Pierre Mendès France, arrivant à Londres en mars 1942, est frappé par cet homme impérieux et pourtant assailli de doutes. Ces doutes, il a su les surmonter, grâce aux ressorts secrets d'une énergie, d'une volonté, d'une intransigeance mises au service de la patrie. Son impertinence face à ses puissants Alliés ne fut pas toujours sans conséquences fâcheuses, mais, au bout du compte, elle assura l'indépendance des couleurs françaises et leur permit de flotter à côté des drapeaux vainqueurs.

Étrange, bizarre, inclassable : on a usé de tous les qualificatifs pour désigner ce sans pareil tombé dans l'Histoire comme le Saint-Esprit à la Pentecôte. Autocrate en puissance, mégalomane respecté, il devient finalement le restaurateur de la république démocratique.

Ce qui est frappant dans cette histoire est l'accord profond qui se noue entre la passion d'un homme et son action. Selon Hegel, les hommes entendent servir leurs intérêts sans savoir l'histoire qu'ils font. Chez de Gaulle, nulle ruse de la raison : il sait ce qu'il veut et agit conformément au but visé, à son idée fixe, la grandeur de son pays, sachant au besoin utiliser la ruse et faire preuve d'ingratitude. Entièrement hanté par la volonté de restaurer la France vaincue, abîmée et soumise, il a mis en œuvre toute sa pensée et toute son énergie au service d'un idéal patriotique. Brisant les sceaux de la défaite, il a su la nier, renouveler l'appel des armes, organiser et unifier les forces morales et matérielles du redressement et effacer la honte de l'armistice et de l'Occupation. De Gaulle a enfoui la part maudite d'une histoire nationale récente, faite de résignation et d'asservissement, pour refaire une France nouvelle.

Dans ce dessein, il a pu compter sur une poignée d'insoumis, qui s'est peu à peu ouverte à des centaines, puis à des milliers de volontaires gagnant la France libre ; il a pu s'appuyer sur ceux de la Résistance intérieure, les combattants clandestins, les mouvements organisés, les maquis. Son mérite insigne est d'avoir voulu et su réaliser l'union de tous ces réfractaires sous son autorité, quand tout les portait aux divisions. La France combattante put parler d'une seule voix – la sienne.

III

EXIL

Dans les semaines et les mois qui ont suivi le débarquement en Normandie, de Gaulle est animé par deux résolutions : ne rien céder sur sa politique d'indépendance nationale et remettre sur pied un pays dévasté et déchiré par la guerre. Le premier objectif lui fixait une double obligation : faire administrer par la France elle-même les territoires libérés et maintenir jusqu'à la victoire — qui sera obtenue le 8 mai 1945 — une visibilité et une autonomie des armes françaises aux côtés des Anglo-Saxons.

Dès le 6 juin 1944, de Gaulle se pose en « gouvernement français » sur les ondes de la BBC. Les Américains entendaient procéder en France comme ils l'avaient fait en Italie : l'AMGOT, une administration militaire, était destinée à diriger le pays en attendant la fin de la guerre. De Gaulle, qui n'avait même pas été informé de la date du Débarquement, tenu en suspicion par Roosevelt et Churchill, s'y refusa fermement : « Nous devons administrer nous-mêmes nos propres territoires tant au point de vue civil qu'au point de vue militaire. » Cette instruction lancée de Londres le 12 juin 1944 était suivie par la désignation de François Coulet comme commissaire de la République pour les territoires normands libérés et du colonel Pierre de Chevigné comme chargé des subdivisions militaires. Le 14 juin, Coulet recevait à Bayeux le général de Gaulle qui affirmait devant une population débordant d'effusions : « Nous combattrons aux côtés des Alliés, avec les Alliés, comme un allié. Et la victoire que nous remporterons sera la victoire de la liberté et la victoire de la France. » Le chef de la France libre avait pris de court les Américains, mis devant le fait accompli.

De Gaulle sut convaincre le général Eisenhower, le 22 août 1944, de lancer sur Paris la Division Leclerc. L'insurrection de la capitale contre l'occupant fut ainsi complétée par l'arrivée des chars de la 2ᵉ DB. De retour à Paris le 25 août, le chef du Gouvernement provisoire, dans un discours prononcé à l'Hôtel de Ville, réaffirmait cette indépendance en termes mémorables : « Paris ! Paris outragé ! Paris brisé ! Paris martyrisé ! mais Paris libéré ! libéré par lui-même, libéré par son peuple avec le concours de la France tout entière, de la France qui se bat, de la seule France, de la vraie France, de la France éternelle. »

« De la seule France » ? C'était faire bon marché des Alliés, sans lesquels Paris fût resté sous la botte allemande. Mais de Gaulle n'a jamais hésité, la guerre durant et après la guerre, à exhausser la France combattante au-delà de ses forces réelles, à prétendre au premier rang, à égalité avec les autres vainqueurs. L'alléguer c'était « faire comme si », selon sa méthode éprouvée, où l'imaginaire le dispute à la volonté. Le 29 avril 1945, la Iʳᵉ armée française franchissait la frontière autrichienne. Le 4 mai, la Division Leclerc atteignait Berchtesgaden. Trois jours plus tard, la capitulation du IIIᵉ Reich était signée à Reims en présence du général français Sevez. Le lendemain, 8 mai, à Berlin, cette capitulation était ratifiée au cours d'une séance solennelle où la France était représentée par le général de Lattre de Tassigny. Figurant parmi les vainqueurs, la France serait l'une des quatre puissances, avec les États-Unis, le Royaume-Uni et l'URSS, chargées d'un secteur d'occupation en Allemagne ; elle serait l'un des cinq pays membres permanents du Conseil de sécurité de l'ONU mis en place en 1946. Faire la France, refaire la France consiste à faire en sorte que la France figure parmi les vainqueurs.

Le piège des partis

Chef du Gouvernement provisoire, de Gaulle, dans la mission qu'il assumait de remettre la France en ordre et en route, devait répondre à un double impératif : reconstruire matériellement et refonder politiquement le pays. L'œuvre législative du Gouvernement provisoire, de l'Assemblée consultative, puis de la première Assemblée constituante élue le 21 octobre 1945, est l'une des plus fécondes que la France ait jamais connues dans un délai aussi court. Cette œuvre comprenait des mesures d'exception, tel l'impôt de solidarité, véritable impôt sur le capital, destiné à régler les frais exceptionnels dus au retour des prisonniers et aux débuts de la reconstruction. Mais, surtout, des réformes de structure : droit de vote reconnu aux femmes ; nationalisation des charbonnages, des usines Renault, des établissements Gnome et Rhône, d'Air France, de la Banque nationale et des grandes banques de crédit ; rétablissement de la gratuité de l'enseignement secondaire ; création des comités d'entreprise ; restauration de la liberté de la presse ; réforme de la fonction publique ; création de l'ENA, du Commissariat général au Plan, sans compter le plan de Sécurité sociale appliqué après le départ du Général. « Oui, déclare-t-il le 2 mars 1945, c'est le rôle de l'État d'assurer lui-même la mise en valeur des grandes sources d'énergie : charbon, électricité, pétrole, ainsi que des principaux moyens de transport — ferrés, maritimes, aériens, et des moyens de transmission, dont tout le reste dépend. C'est son rôle d'amener lui-même la principale production métallurgique au niveau indispensable. C'est son rôle de disposer du crédit, afin de diriger l'épargne nationale vers les vastes investissements qu'exigent de pareils développements et d'empêcher que des groupements d'intérêts particuliers puissent contrarier l'intérêt général. » De Gaulle pratiquait ainsi un socialisme de reconstruction sans le nommer, et qui, à ses yeux, n'était ni de gauche ni de droite, mais répondait aux nécessités de l'heure et du lendemain.

Dans cette tâche immense, lui et son gouvernement furent largement soutenus par les politiques et par l'opinion. Ce ne fut pas le cas quand il s'est agi d'entreprendre l'instauration d'un nouvel ordre constitutionnel. Un des premiers soucis au lendemain de la Libération fut de parer au danger communiste. Le PCF avait acquis dans la Résistance une puissance nouvelle, considérable ; il bénéficiait du prestige de l'Union soviétique depuis la victoire de Stalingrad ; maints combattants dans ses rangs aspiraient à une révolution sociale. Pendant plusieurs mois, un bras de fer opposa les communistes à de Gaulle. Le Général entendait rétablir un ordre démocratique par l'autorité de l'État et par des élections à organiser après la victoire. Les communistes, eux, jugeant la situation révolutionnaire, appelaient contre la « démocratie formelle » à une authentique démocratie, forte des soutiens populaires sur lesquels il avait prise avec les FTP, les comités de libération, le CNR qu'il noyautait, la CGT qui passait progressivement sous sa coupe (alors que son secrétaire général Léon Jouhaux était déporté en

Allemagne), par sa presse en pleine expansion, ses multiples organisations, bref par un appareil de propagande puissant et efficace. Selon le modèle léniniste de 1917, ils misaient sur une stratégie du double pouvoir, en attendant que leur contre-pouvoir se substitue au pouvoir officiel du Général. Face à cette menace, de Gaulle ne manquait pas d'atouts. C'était d'abord son immense prestige, la popularité attestée par l'accueil enthousiaste reçu de la part des populations qu'il s'évertuait à visiter dans toutes les régions de France. Il pouvait compter sur des alliés politiques au sein du parti socialiste, sur les démocrates-chrétiens (MRP), sur tout ce que la France comptait d'adversaires au communisme. La présence des forces armées américaines sur le territoire représentait un autre garde-fou. Mais peut-être l'atout le plus important venait-il de Staline lui-même. L'homme du Kremlin avait dissous l'Internationale communiste (Komintern) en 1943, mais il gardait la main sur un mouvement communiste international dont le parti soviétique était l'état-major. Or Staline, prudent, n'avait nullement en vue une révolution menée par le PCF en France. De concert avec Churchill, il s'était entendu (avant la conférence de Yalta) sur un partage des zones d'influence ; c'étaient les territoires de l'Europe de l'Est occupés par l'Armée rouge qu'il entendait placer sous son empire. L'urgent, pour Staline, était la victoire finale sur l'Allemagne ; une révolution dans le dos de ses alliés risquait de retarder l'échéance.

De Gaulle, pour sa part, d'une remarquable habileté manœu-vrière, s'attacha d'abord à associer les communistes à son gouver-nement, tout en y limitant leur place. Surtout, il prit une décision capitale en faisant accorder, le 28 octobre 1944, la grâce amnistiante à Maurice Thorez, déserteur en 1939 au lendemain du pacte germano-soviétique et installé en URSS

pendant toute la durée de la guerre. Simultanément, il prononçait la dissolution des milices patriotiques, fer de lance de la
révolution léniniste : « Faire en sorte que, désormais, aucun
groupement armé ne subsiste en territoire libéré en dehors de
l'armée et de la police d'État. » Il ne se fit pas obéir d'emblée ;
la résistance communiste se manifesta pendant plusieurs
semaines, mais, de retour à Paris le 27 novembre 1944, Maurice
Thorez, en accord avec la diplomatie de Staline, infléchit immédiatement la ligne du parti. Le 30 novembre, il faisait sa rentrée
de tribun et de chef incontesté du PCF au Vél'd'Hiv, où il frappa
les esprits par sa volonté affichée de contribuer à l'union des
forces sous la direction du Gouvernement provisoire. L'important, disait-il, était de finir la guerre. Et puis de travailler d'arrache-pied en vue de « la renaissance de notre patrie,
pour faire une France libre, forte et heureuse ». Depuis le
26 novembre, de Gaulle, de son côté, se trouvait en Union
soviétique. À Moscou, le 10 décembre, il signait un pacte
d'alliance et d'assistance avec l'URSS. L'hypothèque révolutionnaire communiste était présentement levée. De Gaulle, sans
s'illusionner sur les objectifs lointains du PCF, pouvait désormais associer les communistes à son entreprise de restauration
démocratique. Il lui suffisait que, pour l'heure, leur changement
de tactique politique s'accordât à ses desseins.

   La paix rétablie, le Général, comme il s'y était engagé, ren-
dit la parole au peuple souverain, dont les femmes faisaient
désormais partie intégrante. Son idée était d'en finir avec le
régime parlementaire de la IIIe République, d'inscrire dans la
future constitution le rôle prééminent d'un chef de l'exécutif,
dont la désignation ne procéderait pas du Parlement mais du
« peuple ». Il savait que pareil projet devait se heurter aux
partis et à leurs dirigeants attachés à la suprématie du pouvoir

législatif, mais il avait eu besoin de leur soutien pour asseoir sa légitimité face aux Alliés et à la Résistance intérieure. Il ne pouvait les annuler, exercer on ne sait quelle dictature. Mais il pouvait imaginer échapper à leur opposition par l'usage du référendum en même temps qu'on élirait une Assemblée.

Le 9 juillet 1945, le Général saisissait le Conseil des ministres, qu'il avait pris soin de renouveler, du projet d'ordonnance relatif au référendum. Deux questions seraient posées : 1. Si l'Assemblée qu'on élisait serait constituante, et répondre par « oui » abolirait *ipso facto* le régime de la IIIe République que défendait encore une minorité composée de radicaux-socialistes et de modérés. 2. Si l'Assemblée constituante serait limitée dans le temps (sept mois) et dans ses attributions. Après l'accord donné par le Conseil des ministres, l'Assemblée consultative, elle, s'éleva contre le référendum, mais elle n'était que consultative, et n'avait du reste aucune solution de rechange, faute de majorité. L'ordonnance dans sa version définitive fut publiée le 17 août 1945. Une autre bataille eut lieu sur le mode de scrutin électoral pour les élections législatives. Entre ceux qui prônaient le scrutin uninominal d'arrondissement et ceux qui défendaient le suffrage proportionnel intégral, de Gaulle, jugeant « l'arrondissement trop étroit » et la proportionnelle « trop large », opta pour un scrutin proportionnel « à l'échelle départementale ». Une solution qui souleva un nouveau tollé dans les rangs de l'Assemblée consultative, mais en vain.

Après une campagne animée, le Général obtint, le 21 octobre, le double « oui » souhaité au référendum. Oui, l'Assemblée élue le même jour serait chargée de fonder une IVe République. Oui — et malgré l'opposition communiste —, cette Assemblée serait limitée dans le temps et dans ses attributions. Une victoire à la Pyrrhus, cependant, car l'Assemblée constituante était composée d'une majorité de communistes et de socialistes également hostiles au projet constitutionnel du Général. Sans doute, celui-ci fut-il réélu chef du gouvernement le 8 novembre. Le 21, un nouveau ministère était constitué. Mais, rapidement, le désaccord devint visible. Le projet constitutionnel était, écrira de Gaulle, « à l'opposé de ce que j'estimais nécessaire. Il instituait le gouvernement absolu d'une assemblée unique et souveraine », il réduisait le rôle du président de la République à une simple fonction de représentation.

Le 20 janvier 1946, le général de Gaulle donnait sa démission. Le parti communiste, qui était à l'origine du projet constitutionnel auquel la SFIO s'était ralliée, pouvait s'en féliciter : « Journée historique. Nous avons eu de Gaulle sans effrayer la population », commente Marcel Cachin dans ses *Carnets*.

Le libérateur aurait souhaité devenir le législateur d'une nouvelle République, tel Lycurgue à Sparte ou Solon à Athènes. Avec maestria, il avait réussi à relever la France, à la replacer dans le peloton des vainqueurs. Il avait rétabli les libertés démocratiques et assumé les premières décisions de la reconstruction. Il avait su imposer aux partis politiques la procédure de la réforme constitutionnelle. Mais il était pris au piège qu'il avait lui-même installé. Aurait-il pu suivre une autre voie ? « Le régime exclusif des partis a reparu. Je le réprouve. Mais, à moins d'établir par la force une dictature dont je ne veux pas, et qui, sans doute, tournerait mal, je n'ai pas les moyens d'empêcher cette expérience. Il faut donc me retirer. » Il n'avait pas d'autre solution que de rester fidèle à son engagement de rendre la parole au peuple, de faire élire une Assemblée constituante qui, par sa composition, par ses héritages, ses rivalités internes, ne pouvait que rejeter son projet. Peut-être gardait-il en partant le secret espoir d'être rappelé sur l'échec des partis, incapables d'élaborer un projet susceptible d'approbation populaire. Il avait perdu une bataille, il n'était pas encore décidé à déposer ses armes. Mais même en perdant, en rétablissant les institutions démocratiques après quatre années de dictature pétainiste, il aura assurément — fût-ce à son détriment — « refait » le pays.

La Constitution de Bayeux

De Gaulle parti, les destinées de l'Assemblée constituante reposaient sur l'accord entre les deux groupes communiste et socialiste qui détenaient la majorité. Le PCF revendiqua la présidence du gouvernement pour Maurice Thorez, mais dut se résigner, notamment en raison du refus des républicains populaires, à laisser le siège au socialiste Félix Gouin, qui forma un ministère tripartite (7 socialistes, 6 communistes et 6 MRP). Les socialistes, en quête de refondation, réaffirmaient, dans leur conférence nationale des 23 et 24 février 1946, que, tout en étant démocratique et national, « le parti socialiste a toujours été et continue d'être un parti de lutte de classe ». Cette déclaration pouvait les rapprocher d'un parti communiste qui n'avait pas abandonné l'espoir d'une fusion des deux « partis ouvriers ». Sur les projets constitutionnels, il n'y avait pas d'unanimité au sein de la SFIO, mais la tendance favorable à un régime d'assemblée, défendu par André Philip et Guy Mollet, qui se succédèrent à la présidence de la Commission de la constitution, l'emportait nettement. Le socialiste Vincent Auriol, président de l'Assemblée, tenta de concilier les points de vue des deux partis de gauche et du MRP, mais en vain. En avril, François de

Menthon, le rapporteur général, démissionna ; il fut remplacé par Pierre Cot, apparenté au groupe communiste. Le 9 avril, celui-ci présenta à ses collègues le projet constitutionnel qui fut adopté le 19, par 309 voix contre 246. Les républicains populaires (143 députés) composaient la majorité de l'opposition. Ce projet était celui du régime d'assemblée sur le modèle de la Convention, à ceci près que le poste de président de la République était préservé, élu pour sept ans par l'Assemblée nationale, mais ses pouvoirs étaient considérablement réduits.

Le projet devait être soumis au référendum le 5 mai 1946. Socialistes et communistes firent campagne pour le oui, tandis que le général de Gaulle s'abstenait de toute intervention publique. Il ne fut pas déçu par le résultat, puisque le non l'emporta par 53 % des suffrages. On retombait à pied d'œuvre : une nouvelle Assemblée constituante fut élue le 2 juin 1946. Le MRP, cette fois, arrivait en tête avec un peu plus de 28 % des suffrages exprimés, mais, avec 161 sièges gagnés, il restait assez loin de la majorité absolue. Un nouveau gouvernement tripartite allait être constitué, présidé cette fois par le MRP Georges Bidault, l'ancien président du CNR. C'est alors que le général de Gaulle décida de faire sa rentrée politique.

Son retrait sur l'Aventin n'était pas sans contenir l'espoir d'un retournement de la situation, comme en témoigne sa correspondance. Il avait écrit à son fils Philippe : « Il faut choisir, et l'on ne peut être à la fois l'homme des grandes tempêtes et celui des basses combinaisons. » Mais, dans d'autres lettres, il exprime l'espoir d'un « avenir prochain [qui] remettra nécessairement les choses à leur juste place ». Le 28 avril, faisant allusion à la situation internationale, il usait du mot « recours » dans une lettre à Jacques Bardoux : « Où serait alors le recours si ce que je puis avoir de symbolique aux yeux du pays quant à l'indépendance et à l'unité nationales s'était par avance dégradé dans ce qui n'est encore que la lutte des partis ? Il fallait prendre du recul. C'est ce que j'ai fait en janvier. Je m'en tiens à cette attitude. » Le résultat du référendum du 5 mai perdu par le parti communiste et la SFIO lui a-t-il fait concevoir un autre moyen de revenir au pouvoir ? L'arrivée en tête du MRP aux élections ne suffirait sans doute pas à modifier sensiblement le projet constitutionnel par une Assemblée où les groupes communiste et socialiste disposaient encore de près de 50 % des sièges. Mais un nouvel échec au référendum du projet revu et corrigé augmenterait sensiblement ses chances d'un rappel au pouvoir. Toujours est-il que, le 16 juin 1946, de Gaulle, sorti de son silence, explicitait son propre projet qu'on appellera par la suite, en raison du lieu où il prononça son discours, la « Constitution de Bayeux ».

Après avoir fustigé une nouvelle fois la rivalité endémique des partis qui travaillent à l'encontre des intérêts supérieurs du pays, il préconisait une Constitution qui fasse contrepoids aux « effets de notre perpétuelle effervescence politique ». La règle catégorique à observer était celle de la séparation des pouvoirs. Une Assemblée élue au suffrage universel direct a pour tâche de voter les lois, qu'une seconde Assemblée, élue et composée d'une autre manière, aura pour fonction d'examiner, par ses amendements et ses projets. Il prévoyait d'inclure dans ce Sénat les représentants des organisations économiques, familiales, intellectuelles, pour que « se fasse entendre, au-dedans même de l'État, la voix des grandes activités du pays ». Le pouvoir exécutif, quant à lui, ne saurait procéder de ces deux Chambres. Ce pouvoir appartiendrait au chef de l'État, élu par un collège élargi et composé de manière à faire de lui le président de l'Union française en même temps que celui de la République.

Le président de la République aurait pour mission de nommer les ministres, y compris le premier d'entre eux, « qui devra diriger la politique et le travail du gouvernement ».

Dans cette ébauche, qui sera une des sources de la Constitution de 1958, de Gaulle ne préconisait pas l'élection du président au suffrage universel. Léon Blum, commentant le discours de Bayeux, y vit une inconséquence : « Dans ce système, écrit-il, le président de la République sera le chef effectif du gouvernement et de l'administration, le président du Conseil se trouvant, par contre, réduit au rôle d'un fondé de pouvoir, d'un homme de confiance, d'un porte-parole vis-à-vis du Parlement. J'ajoute que, pour un chef de l'Exécutif ainsi conçu, l'élargissement du collège électoral ne saurait suffire. Toute souveraineté émanant nécessairement du peuple, il faudrait descendre jusqu'à la source de la souveraineté, c'est-à-dire remettre l'élection du chef de l'Exécutif au suffrage universel. Là est la conclusion logique du système. » Ce sera celle du Général en 1962.

La bataille continuait. De Gaulle n'avait pas baissé la garde. Dans une déclaration à la presse, le 27 août 1946, il passait au crible le nouveau projet constitutionnel des députés, qu'il considérait simplement comme une nouvelle mouture du précédent. Il insistait sur l'impuissance à laquelle le texte condamnait le chef de l'État, dont les actes nécessitaient le contreseing du président du Conseil et d'un ministre. Voyant mépriser la pièce majeure de son propre projet, il fustigeait l'incompréhension d'une Assemblée qui n'avait de but que de rétablir un régime exclusivement parlementaire, celui qui avait fait la preuve de son impéritie : « En refusant au chef de l'État les moyens d'assurer le fonctionnement régulier des institutions, de faire en sorte que le pays soit toujours effectivement gouverné, de faire valoir les intérêts permanents de la France, de servir de lien vivant entre la Métropole et les territoires d'outre-mer, d'être par conséquent, quoi qu'il puisse arriver, le garant de l'indépendance nationale, de l'intégrité territoriale et des traités signés par la France, on risque de pousser l'État dans une confusion des pouvoirs et des responsabilités pire encore que celle qui a mené le régime antérieur au désastre et à l'abdication. »

Depuis le discours de Bayeux, le Général commençait à devenir l'objet d'une accusation publique, notamment de *L'Humanité* qui le représentait en « général factieux » en quête de « pouvoir personnel ». Au mois d'août, les socialistes avaient tenu leur Congrès d'où était sortie une nouvelle direction présidée par Guy Mollet et décidée à réaffirmer les sources doctrinales de la SFIO. Ce marxisme proclamé rapprochait plus les socialistes du parti communiste que du MRP. Les députés de ce parti proposèrent un certain nombre de modifications au projet de la gauche, en particulier ils firent admettre le rétablissement d'une chambre haute, baptisée Conseil de la République. Le MRP, soucieux de ne pas se séparer des socialistes, se rallia sans ferveur au nouveau texte, voté dans la nuit du 28 au 29 septembre 1946 par les députés du tripartisme (440 voix contre 106, issues des rangs modérés et radicaux).

Le 19 septembre, de Gaulle, dans une conférence de presse, avait lancé une mise en garde contre un nouveau projet qui en réalité était le même que celui que le pays avait refusé, à juste titre, le 5 mai précédent. Dix jours plus tard, à Épinal, le jour même où le texte réécrit avait obtenu une majorité à l'Assemblée, il réitérait ses critiques : « Malgré quelques progrès réalisés par rapport au précédent, le projet de Constitution qui a été adopté la nuit dernière par l'Assemblée nationale ne nous paraît pas satisfaisant. » Le 9 octobre, quatre jours avant le nouveau référendum, il appelait les Français à voter « non ». À ceux qui pouvaient s'inquiéter des effets d'un vote négatif renouvelé qui allait entraîner une cascade de nouvelles élections et maintenir le pays dans une dangereuse incertitude, le Général apportait une solution : le projet repoussé, la nouvelle Assemblée qui serait élue en novembre en proposerait rapidement un autre, conforme à ses vœux, et deviendrait une Assemblée législative pour quatre ou cinq ans dans le cadre de la Constitution, ce qui éviterait des élections nouvelles.

Tout l'art politique du Général se révéla inutile. Une *Union gaulliste* avait été créée en juillet par ses partisans. René Capitant, professeur de droit public à Strasbourg, réunit un état-major composé d'anciens de la France libre et de la Résistance intérieure. Mais cette formation pesait trop peu au regard des trois partis de gouvernement favorables au « oui ». De fait, leur victoire eut bien lieu, mais elle fut médiocre. Si, cette fois, le « oui » l'emportait (plus de 53 % des suffrages exprimés ; par rapport aux inscrits, ce succès tombait à 36 %), l'abstention s'élevait à plus de 31 %. De Gaulle avait échoué, mais sa campagne avait largement contribué à déplacer 6 millions de voix (sur 15 millions accordées au tripartisme le 2 juin 1946, 9 millions seulement avaient voté « oui »).

La IVe République qui sortait des urnes était d'emblée fragilisée dans sa légitimité. De Gaulle ne perdait pas l'espoir d'un retour, puisque, disait-il, la Constitution n'avait été approuvée que par un gros tiers seulement des électeurs. Dans un premier temps, il manifesta sa combativité en s'engageant dans la campagne des législatives fixées au 10 novembre. Le 1er novembre, il annonça : « Je n'hésite pas à déclarer que le système qu'institue la Constitution est absurde et périmé, et que, s'il n'est profondément changé, il va peser lourdement sur nos nouvelles destinées. » Aussi recommanda-t-il aux électeurs de donner leur soutien à ceux qui partageaient sa résolution. Il ne cautionnait pas pour autant l'Union gaulliste, soucieux de rester au-dessus de la mêlée. Du reste, Capitant et les siens eurent peine à présenter une trentaine de listes ; ils obtiendront seulement 3 % des suffrages et une demi-douzaine d'élus. Finalement, la nouvelle Assemblée reproduisait le tripartisme, dont le parti communiste reprenait la tête (28,8 %) devant le MRP (26,3) et la SFIO (18,1).

À sa sœur Marie-Agnès, le Général écrivait quelques semaines plus tard, sans amertume, qu'il venait de suivre « les péripéties lamentables de la foire des partis ». Cependant, il n'en restait pas à cette « épreuve inévitable », car elle devait se terminer à coup sûr : « travailler efficacement au relèvement de la France » demeurait son programme.

L'aventure du RPF

Le Général jugeait alors que le Parlement ne durerait pas cinq ans. Mais quelle stratégie adopter ? Il avait beau refuser de former un parti, il avait besoin d'un soutien organisé afin d'aboutir à la réforme de la Constitution. Avec l'appui de ses fidèles, Jacques Soustelle, André Malraux, Jacques Baumel, le colonel Rémy, Jacques Vendroux, de Gaulle imagina la création d'une formation qui ne serait pas un parti politique de plus mais un « rassemblement » — le maître mot de sa conception unitaire qui ne remettait pas en cause sa condamnation des « partis ».

Le 30 mars 1947, à Bruneval, en Seine-Maritime, à l'occasion d'une commémoration d'un fait d'armes de la guerre, et en présence des ambassadeurs de Grande-Bretagne et du Canada, il déclare en conclusion de son discours : « Ah ! mes camarades, il est vrai qu'après tant d'épreuves, les voix de la division, c'est-à-dire de la décadence, ont pu couvrir pour un temps celle de l'intérêt national. Peut-être était-ce inévitable. La marée monte et descend. Peut-être est-il dans la nature des choses qu'à un clair et grand effort succèdent d'obscurs tâtonnements. Mais les temps sont trop difficiles, la vie est trop incertaine, le monde est trop dur, pour que l'on puisse longtemps, sans courir un péril mortel, végéter dans les ténèbres. Notre peuple porte de graves blessures, mais il suffit d'écouter battre son cœur malheureux pour connaître qu'il entend vivre, guérir, grandir. Le jour va venir où, rejetant les jeux stériles et réformant le cadre mal bâti où s'égare la nation et se disqualifie l'État, la masse immense des Français se rassemblera sur la France. » Le 7 avril, à Strasbourg, vitupérant une nouvelle fois le « jeu des partis », il annonce clairement la fondation du Rassemblement du peuple français « qui, dans le cadre des lois, va promouvoir et faire triompher, par-dessus les différences des opinions, le grand effort de salut commun et la réforme profonde de l'État. Ainsi, demain, dans l'accord des actes et des volontés, la République française construira la France nouvelle ».

Lancé, le RPF rencontre aussitôt un succès imposant. À la mi-mai, 500 000 adhésions, un million à la fin de juillet, au dire de sa direction. De fait le Rassemblement devient l'organisation politique la plus nombreuse de France. Là où il passe, de Gaulle rassemble des foules enthousiastes : après Strasbourg, Bordeaux, Lille, il réunit, le 5 octobre 1947, près de 500 000 personnes à l'hippodrome de Vincennes.

Entre-temps, la guerre froide avait éclaté. Au mois de mai, le gouvernement Ramadier s'était débarrassé des communistes.

Fin du tripartisme ! À l'automne, le PCF, devenu en septembre membre du Kominform créé par Staline, entrait dans une opposition violente. Peu de jours avant le premier tour des élections municipales, la grève totale des transports parisiens est déclenchée ; elle sera suivie en novembre par des grèves à travers tout le pays. Dans ce climat, qualifié par certains d'« insurrectionnel », la peur du communisme contribua pour beaucoup au succès du RPF. Le 27 juillet 1947, à Rennes, devant une foule évaluée à 60 000 personnes, de Gaulle s'attaque pour la première fois au parti communiste, le parti des « séparatistes » : « Sur notre sol, au milieu de nous, des hommes ont fait vœu d'obéissance aux ordres d'une entreprise étrangère de domination, dirigés par les maîtres d'une grande puissance slave [...]. Ce bloc de près de 400 millions d'hommes borde maintenant la Suède, la Turquie, la Grèce, l'Italie ! Sa frontière n'est séparée de la nôtre que par 500 kilomètres, soit à peine la longueur de deux étapes du Tour de France cycliste ! »

Aux élections municipales des 19 et 26 octobre 1947, on parla d'un « raz-de-marée gaulliste » : 38 % des suffrages exprimés (41 % dans les 110 villes de plus de 30 000 habitants). Paris, Marseille, Bordeaux, Lille, Strasbourg... et le tiers des villes de plus de 3 000 habitants tombaient aux mains du RPF. Aux élections législatives, il était probable que les gaullistes auraient gagné une majorité absolue à l'Assemblée. Mais ce n'était que des municipales, et le président de la République Vincent Auriol encouragea Paul Ramadier à rester à la tête du gouvernement, sans écouter la demande de dissolution de l'Assemblée en raison du succès électoral du Rassemblement. De Gaulle devait donc attendre l'échéance des législatives de 1951, pour espérer entrer en force au Parlement. Cette exigence du calendrier devait être fatale au RPF.

En attendant, de Gaulle et les siens se heurtèrent à la vive résistance des groupes qui allaient constituer la « Troisième force », opposée à la fois aux communistes et aux gaullistes. En mars 1949, les élections cantonales marquaient déjà le reflux : de 40 % des votes aux municipales de 1947, le RPF reculait à 31 %. Aux législatives de 1951, il est passé en dessous de 22 %, distancé alors par le PCF qui conservait 26 % des votes. Avec 106 sièges, il se prévalait d'être le groupe parlementaire le plus nombreux de l'Assemblée, mais c'était bien insuffisant eu égard à l'ambition originelle. Le groupe parlementaire se désagrégea progressivement. En 1952, sa division est consommée : 27 députés se rallient à Antoine Pinay, nouveau président du Conseil. Après les élections municipales de 1953, qui voient le RPF tomber à 10 % des suffrages, de Gaulle rend leur liberté aux élus. Deux ans plus tard, le 30 juin 1955, dans une conférence de presse tenue à l'hôtel Continental à Paris, il déclarait : « Il y a plus d'un an que nous nous sommes réunis. Tout laisse prévoir qu'un long temps s'écoulera avant que nous nous retrouvions. Mon intention est, en effet, de ne pas intervenir dans ce qu'il est convenu d'appeler "la conduite des affaires publiques". » Depuis son départ, en neuf ans, disait-il, vingt ministères se sont succédé, 200 ministres avaient défilé dans des gouvernements éphémères. Mais il n'avait pas réussi à redresser les institutions ; son échec était avéré. Il laissait percevoir son amertume : « Je me ris, en même temps, me désole de voir la perpétuelle illusion des Français qui attachent à des combinaisons politiques de l'importance et de la portée, alors qu'elles n'en ont aucune, et je me désintéresse d'avance totalement, je le dis très haut, de ce qui pourra se passer et dont je sais que ce ne sera rien, aux élections de 1956. »

D'où venait cet échec ? On a reproché au Général son erreur de stratégie. Au lieu de former dès la Libération un parti qui lui eût donné la base d'un pouvoir constituant, il avait voulu garder dans la vie politique recommencée un statut d'homme au-dessus de la mêlée. Le 18-Juin et l'unification de la France combattante sous son autorité, de même que son rejet des « partis », avaient joué finalement contre lui — seul ou autant vaut en face des forces politiques jalouses de leurs intérêts. Le RPF, un parti sans être un parti, était venu trop tard. Ou trop tôt, car le hasard du calendrier voulut qu'il fût constitué à quatre ans des élections législatives. Le raz-de-marée d'octobre 1947 retomba avant qu'il ne pût provoquer la révision constitutionnelle. Les anciennes mœurs parlementaires avaient repris le dessus, les gouvernements de la « Troisième force » dirigeaient le pays vaille que vaille, la situation économique s'améliorait, la menace communiste qui avait pu effrayer en 1947-1948 ne présentait plus le même danger, grâce notamment au parapluie américain : le recours à « l'homme providentiel » ne s'imposait plus. Un sondage de l'IFOP, en avril 1947, annonçait l'échec : à la question de savoir si l'on approuvait la fondation du RPF par le Général, 43 % des sondés désapprouvaient contre 34 (23 sans réponse).

Pourtant, une nouvelle cause d'instabilité affectait la République, la situation en Afrique du Nord et particulièrement en Algérie, où, depuis le 1er novembre 1954, les débuts d'une insurrection nationaliste allaient devenir une « guerre sans nom ». C'est ce conflit colonial qui devait offrir une nouvelle chance au législateur retraité.

IV

RETOUR

Par deux fois, de Gaulle avait échoué dans sa tentative de doter la France d'un régime politique qui assurât l'autorité de l'État selon ses vœux. En 1946, il avait dû démissionner face à une Assemblée constituante en complet désaccord avec lui. En 1953, il avait dû renoncer à espérer revenir au pouvoir au moyen du RPF, fondé trop tôt. C'est l'événement — avec ce que le mot implique d'imprévisibilité — qui, en 1958, lui permit de prendre sa revanche.

Le stratège

Quand, le 13 mai, à Alger, la mise à sac par des émeutiers des bâtiments du ministère de l'Algérie (ex-gouvernement général), suivie par la création d'un Comité de salut public contrôlé par l'armée et dirigé par le général Massu, provoque un état de quasi-sécession entre l'Algérie et la métropole, nul ne songe dans l'immédiat au général de Gaulle. Mais deux jours plus tard il n'est bruit que de son nom. Le 15 mai, le général Salan a crié devant la foule du forum un « Vive de

Gaulle ! » soufflé par Léon Delbecque, ancien cadre du RPF et responsable de l'antenne gaulliste à Alger, dont toute l'entreprise est vouée à canaliser la révolte vers le Général ; le même jour, de Gaulle diffuse un communiqué symbolique par lequel, sans rien condamner de ce qui se passe à Alger, il se déclare « prêt à assumer les pouvoirs de la République ». Le gouvernement de Pierre Pflimlin, investi malgré — ou grâce à — l'émeute d'Alger, qui avait montré d'emblée sa volonté de résister, se trouve du coup sérieusement affaibli. Un troisième pouvoir, potentiel mais prégnant, a surgi entre le gouvernement de Paris et les généraux d'Alger.

À ce moment-là, les députés repoussent la solution de Gaulle, mais un flottement des résolutions est perceptible. Dès le 16 mai, Guy Mollet, secrétaire général du parti socialiste SFIO, interroge publiquement de Gaulle sur ses intentions. À vrai dire, repousser de Gaulle, faire face aux insurgés d'Alger exigerait un mouvement de défense républicaine, c'est-à-dire l'union de toutes les forces démocratiques, mais celle-ci achoppe sur la situation du PCF, le plus puissant des partis s'opposant au coup de force d'Alger mais exclu de toute alliance depuis les débuts de la guerre froide. Guy Mollet avait formulé l'accusation mémorable : « Les communistes ne sont pas à gauche, ils sont à l'Est. » Dans la conjoncture de mai 1958, le gouvernement centriste de Pflimlin tout comme le parti socialiste de Mollet considèrent le parti communiste comme un danger et refusent d'engager toute espèce d'unité d'action, même défensive, avec lui. De Gaulle va profiter de ces circonstances qui ne sont plus celles de l'après-guerre quand les deux grands « partis ouvriers » étaient coalisés dans une majorité parlementaire. La division de la gauche exclut la formation d'un nouveau Front populaire :

l'« antifascisme » prôné par ceux qui en sont les partisans n'est pas de saison.

Le 19 mai, de Gaulle, qui n'a pas répondu directement à Guy Mollet, ne voulant pas désavouer la rébellion militaire, donne une conférence de presse à l'hôtel d'Orsay. Il se fait rassurant, ce n'est pas à soixante-sept ans qu'il entamera une carrière de dictateur, tout en s'engageant davantage à l'heure où la tension militaire est extrême : « rétablir l'État à la fois dans son autorité et dans la confiance nationale », voilà son programme. Les ralliements s'ensuivent, mais le gouvernement Pflimlin se cabre. Le Général demande alors discrètement au commandement militaire d'Alger de lui envoyer un émissaire qui lui rende compte de la situation. Débarquent ainsi à Colombey-les-Deux-Églises le général Dulac flanqué de quelques subordonnés. Le message est clair : si de Gaulle est empêché de prendre le pouvoir, l'armée décidera d'agir en métropole. Le 24 mai, coup de théâtre ! La Corse tombe aux mains des rebelles. Pierre Pflimlin, toujours soutenu par l'Assemblée, tente alors le compromis avec de Gaulle. Il veut obtenir de lui qu'il désavoue Alger et le débarquement en Corse. Vœu illusoire, puisque c'est d'« Alger », de ses insurgés, des cadres militaires, des « pieds-noirs » que le Général tient sa chance : condamner l'insurrection ce serait pour lui rentrer dans le rang. Une rencontre secrète entre Pflimlin et de Gaulle se tient dans la nuit du 26 au 27 mai, au parc de Saint-Cloud. Il n'en résulte rien, sauf que, le lendemain, de Gaulle publie un communiqué où il déclare : « J'ai entamé hier le processus régulier nécessaire à l'établissement d'un gouvernement républicain... » C'est un coup de bluff machiavélien d'un homme qui force la résistance d'un chef de gouvernement dont l'honnêteté est blessée par cette audace mais qui, sur le conseil du président Coty, ne va pas jusqu'à désavouer publiquement celui qui l'a manipulé. Dans son com-

muniqué, le Général demande à l'armée sur le ton du commandement de rester disciplinée, comme s'il était déjà au pouvoir :
« J'attends des forces terrestres, navales et aériennes présentes en
Algérie qu'elles demeurent exemplaires sous les ordres de leurs
chefs [...]. »

Le mercredi 28 mai, plusieurs centaines de milliers de personnes défilent de la Nation à la République contre de Gaulle
à l'appel des journaux de gauche ; on voit bien côte à côte des
radicaux, des communistes, des socialistes, des républicains
populaires, mais les leaders politiques ne sont nullement
d'accord sur la solution à trouver à la crise. Les jeux sont faits
dans une large mesure car, au matin de ce 28 mai, Pflimlin
a démissionné et le président de la République René Coty a
décidé de faire appel au *général de Gaulle*, au lendemain de
cette manifestation républicaine, massive mais sans projet crédible, pour former le nouveau gouvernement.

En moins de quinze jours, en deux communiqués et une
conférence de presse, de Gaulle a su retourner la situation en sa
faveur. Il a bénéficié de l'aide entreprenante de quelques gaullistes à Alger, qui ont su diriger le mouvement du 13 mai vers
lui. Il a misé sur la menace représentée par l'armée que la rue
d'Alger voulait porter au pouvoir. On saura plus tard que les
généraux et les colonels d'Alger avaient préparé l'opération
« Résurrection » ; dans l'immédiat, le danger d'intervention
militaire était redouté et pesait comme une épée de Damoclès
sur la tête des parlementaires. Le Général a profité de cette
peur, de la peur de la guerre civile, et, chez certains, de la peur
que le parti communiste ne saisisse l'occasion pour prendre le
pouvoir. Il s'est montré d'une habileté tactique accomplie, ses
silences pesant aussi lourd que ses déclarations. Cette conquête
du pouvoir a été d'un « artiste de la politique », mais elle n'a été

possible qu'en raison de ses qualités d'homme providentiel. Sa légitimité historique rendait crédible le retour de « l'homme du 18-Juin ». Le chef de la France libre, le restaurateur des libertés ne pouvait pas être tenu pour un « fasciste ». Une bonne partie de la classe politique, composée d'anciens résistants, un certain nombre d'intellectuels — Malraux, Mauriac, Jean Amrouche et autres — accordaient leur confiance à de Gaulle en raison de son passé qui était un garant, à leurs yeux, contre la dictature. Ajoutons le charisme propre à sa personne, son verbe, ses formules, sa manière extraordinaire d'identifier son nom à celui de la France — ce qui chez tout autre eût été ridicule, mais non chez lui. Il est toujours « l'homme de caractère » qu'il a décrit : « Assuré dans ses jugements et conscient de sa force, il ne concède rien au désir de plaire. » Oui, mais justement, c'est cela qui plaît, parce que c'est cela qui étonne.

Le retour du Général au pouvoir s'est-il effectué dans la légalité ? Ses partisans l'affirment et le prouvent par l'investiture qu'il reçoit des députés le 1ᵉʳ juin. Au demeurant, ces députés, en majorité, n'étaient nullement décidés au départ à céder à de Gaulle. Il aura fallu cette menace de l'armée, cette peur de la guerre civile, l'« intox » pratiqué sur les élus, pour que le Général parvienne à ses fins. Mendès France, un des rares opposants non communistes à l'investiture, dénoncera cette situation de détresse : il refusait, lui, son adhésion, un revolver braqué sur sa tempe. Légalité suspecte donc. En même temps, l'opinion adhérait. La grève générale avait échoué, la manifestation du 28 mai apparaissait le jour même à beaucoup comme un « baroud d'honneur », et la suite allait démontrer que les citoyens se ralliaient dans leur grande majorité à la solution de Gaulle. Commence alors un autre chapitre des rapports de cet homme deux fois providentiel à la France.

Législateur et décolonisateur

Revenu au pouvoir, de Gaulle doit relever deux défis : faire adopter par les Français la Constitution de ses vœux et mettre fin à la guerre en Algérie. Restaurer l'État est à ses yeux le préalable à la solution du problème algérien. Les deux questions sont liées et vont le demeurer pendant quatre ans. C'est de la guerre d'Algérie que de Gaulle a tiré la possibilité de bâtir une nouvelle république. Sans cette guerre, sa « traversée du désert » se fût poursuivie et la IVᵉ République eût continué son cours vaille que vaille. En ce sens, la Constitution gaullienne a été la fille du FLN (Front de libération nationale des Algériens). Mais cette même guerre d'Algérie qui lui a octroyé le pouvoir et permis de faire voter la Constitution de la Vᵉ République, de Gaulle sait qu'elle risque de ruiner son œuvre, à tout le moins d'hypothéquer son projet de restauration. De sorte que le règlement du problème algérien devient à son tour un préalable : le sort des institutions, le redressement de la France, la politique de grandeur à laquelle il aspire, tout dépend de la solution qu'il saura ou non apporter au conflit.

De Gaulle, pour dégager la solution, va disposer de moyens politiques et constitutionnels dont les hommes de la IVᵉ République étaient dépourvus. La guerre d'Algérie devient la première épreuve, le premier test, des nouvelles institutions. L'opinion a ratifié, par le référendum du 28 septembre 1958, le rehaussement du pouvoir exécutif. Un pouvoir qui n'est plus dilué, mais personnalisé. Un État qui ait une tête ; un chef, reconnu par la nation et qui sera le garant de ses destinées. Mais le chef doit pouvoir s'appuyer sur le peuple. L'usage du référendum, pièce maîtresse du gouvernement gaullien, démontre son efficacité : nul ne peut nier après le référendum de janvier 1961 sur l'autodétermination des populations algériennes que la politique du Général est largement approuvée par les citoyens français. La conclusion du drame sera consommée en 1962 par le double référendum, en France puis en Algérie, qui scellait de manière démocratique l'indépendance algérienne et la fin des hostilités.

De même, l'article 16 de la Constitution de 1958, par lequel le chef de l'État reçoit, en cas de crise grave, des pouvoirs exceptionnels, a été expérimenté à l'occasion de la tentative de putsch des généraux, en avril 1961, et a prouvé son utilité. En face de l'insubordination militaire, il a offert au président de la République un surcroît de puissance, défini et limité par le texte constitutionnel. C'est ainsi que la guerre d'Algérie et ses péripéties dramatiques ont justifié, contre les opposants à la Constitution, les articles les plus critiquables selon une tradition républicaine rétive au modèle bonapartiste. La guerre d'Algérie aura été le baptême de feu de la Constitution gaullienne.

Une dernière corrélation entre la guerre et le nouveau régime apparaît en 1962. C'est encore la guerre d'Algérie et ses suites qui inspirent ou permettent l'achèvement de la Constitution par la loi du 6 novembre 1962, relative à l'élection du président de la République au suffrage universel. Même si de Gaulle a pu espérer plus tôt cette touche finale qui donne tout leur sens aux institutions, ce sont les circonstances de 1962 qui l'ont autorisé à braver la majorité des parlementaires et des partis pour la faire ratifier par référendum. L'attentat du Petit-Clamart du 22 août 1962 préparé par les activistes de l'OAS — attentat qu'on a souvent présenté comme décisif en la matière —, et surtout le prestige acquis par la conclusion de la guerre d'Algérie ont permis au Général le bouclage de ses lois fondatrices.

D'autre part, la guerre d'Algérie a déclenché le processus de la décolonisation de Madagascar et de l'Afrique française. D'emblée, de Gaulle leur a offert le choix entre une autonomie dans une fédération finalement appelée Communauté et l'indépendance immédiate. Seule la Guinée de Sékou Touré préféra en 1958 acquérir sa souveraineté en votant « non » au référendum du 28 septembre. Mais, rapidement, dès 1960, les autres États africains de l'ancien Empire français accédaient à l'indépendance avec l'assentiment du chef de l'État.

Ainsi ces quatre premières années de République gaullienne, marquées par la question algérienne, sont-elles capitales. Elles marquent une double rupture dans l'histoire française : l'instauration d'un régime républicain enfin gouvernable et la clôture du cycle colonial.

On peut sans doute estimer que, tôt ou tard, l'Algérie eût acquis son indépendance ; que, tôt ou tard, la France eût cessé d'être une puissance coloniale. Mais rien ne nous oblige à croire que cette décolonisation nécessaire était grosse d'un remaniement politique et constitutionnel. La décomposition de la IVe République aurait pu hisser au pouvoir une junte militaire qui en eût fini avec la démocratie. C'est la personnalité — et la vision politique — de De Gaulle qui marque ici la différence. Il faut, en effet, faire sa part au rôle du « grand homme », à l'« individu historique » selon l'expression de Hegel. De Gaulle avait perçu de longue date ce que Machiavel appelle la nécessité ; il avait compris ce mouvement lourd de l'Histoire qu'a été le mouvement d'émancipation des peuples coloniaux. Son génie aura été de reconnaître cette nécessité, de la vouloir, pour l'orienter vers une finalité positive : la fin de l'« épopée coloniale » offrait à la France le projet et la possibilité d'une nouvelle grandeur. Rappelé au pouvoir par la foule du 13 mai, par les activistes de l'Algérie française et par l'armée décidée à anéantir le nationalisme algérien, le Général a dû ruser pour imposer sa solution. À l'armée, il offrit tous les moyens de la victoire sur le terrain, mais pour mieux refuser tout projet d'« intégration ».

Il est douteux qu'en mai 1958, et contrairement à ce qu'il écrit dans ses *Mémoires d'espoir*, le général de Gaulle eût « les grandes lignes » de la solution « arrêtées dans son esprit ». Il écrit dans ce même ouvrage qu'il n'avait point de plan « rigoureusement préétabli ». Il est vrai qu'à ses yeux les anciens peuples colonisés avaient vocation à gagner l'indépendance, mais il souhaitait que des liens soient gardés entre eux et leur ancienne métropole. L'idée première était celle de l'association, traduite dans la Constitution par la Communauté. Le 16 septembre 1959, dans une déclaration décisive, de Gaulle offrait aux Algériens l'autodétermination, avec le choix entre l'intégration (« la francisation »), l'association et l'indépendance. Il était évident qu'à ce moment-là il nourrissait l'espoir qu'une Algérie autonome pourrait prendre sa place dans la Communauté. Il se heurta alors à la vindicte des partisans, militaires ou civils, de l'Algérie française, résolument attachés à l'intégration. À la fin de 1960, cependant, de Gaulle comprit que l'option de l'autonomie dans la Communauté était dépassée. La Communauté franco-africaine elle-même avait achevé sa destinée avec l'accès à l'indépendance de ses membres.

Restait à vaincre les résistances de l'armée. L'échec du putsch des généraux, en avril 1961, ouvrit le chemin, encore difficile, de la négociation avec le FLN. Fidèle à son principe de subordination de l'armée au pouvoir civil, il avait déclaré aux officiers, lors d'une de ses tournées en Algérie : « Quant à vous, écoutez-moi bien ! Vous n'êtes pas l'armée pour l'armée. Vous êtes l'armée de la France. Vous n'existez que par elle et à son service. Or, celui que je suis, à son échelon, avec ses responsabilités, doit être obéi par l'armée pour que la France vive. Je suis sûr de l'être par vous et vous en remercie au nom de la France. » Ce langage, malgré toutes les forces de résistance, fut entendu à la longue. Le principal obstacle au règlement de la guerre fut levé après le putsch raté d'Alger. Une minorité de desperados se jeta dans l'aventure sanglante de l'OAS, mais, appuyé sur le peuple souverain consulté par référendum, de Gaulle réussit à débourber la France de l'interminable et cruelle guerre d'Algérie.

Une nouvelle République était née en France. Et c'est lui qui en était l'auteur.

Les transferts de la grandeur

De Gaulle, qui n'avait jamais professé l'« anticolonialisme », a assumé la nécessaire décolonisation. Il entend bien que l'accès à l'indépendance des anciens territoires colonisés, loin d'être le signal du déclin, doit être le tremplin d'une nouvelle politique de grandeur. Débarrassée du fardeau des guerres coloniales ou post-coloniales, la France doit revenir au rang des grandes puissances. La défaite de 1940 et l'humiliation de l'Occupation ont porté un coup terrible à l'honneur national. L'intransigeance de

De Gaulle face à Roosevelt avait quelque peu redoré le blason français. Mais la faiblesse politique de la IVe République, son instabilité endémique, sa faiblesse financière et monétaire avaient abaissé le rayonnement de la France. La perte de l'Algérie pouvait avoir l'effet d'un coup de grâce.

Ce sentiment a été épargné à la plupart des Français en raison d'abord d'une conjoncture économique favorable, le plein emploi et une élévation généralisée du niveau de vie. Mais aussi parce que le général de Gaulle, comme au lendemain de la Seconde Guerre mondiale, a donné à ses compatriotes l'impression que leur pays rentrait dans le peloton de tête des grandes nations. Dès 1958, lors de l'étape de Conakry de son voyage africain, il s'était écrié : « Pour la France d'aujourd'hui, le colonialisme est fini. » Le colonialisme, oui, mais non la « grandeur », terme gaullien par excellence. De Gaulle va relancer le nationalisme français, mais par d'autres moyens.

La grandeur impériale perdue, la France devenue puissance secondaire, on pouvait imaginer compenser ces reculs par la construction de l'Europe. Tous les États de l'Europe occidentale n'avaient-ils pas connu le même sort ? C'était l'idée de nombreux hommes politiques français de la IVe République. Le choix de De Gaulle est tout autre. Certes, il imagine bien la nécessité pour la France d'élargir sa base territoriale, démographique, industrielle pour faire face aux superpuissances. Il émettra même l'idée d'une Confédération européenne, mais le « plan Fouchet » qui en fixait les principes fut rejeté par les partenaires de la France. Cette Europe-là, à vrai dire, elle ne pouvait se construire que sous l'autorité, l'influence déterminante de la France. Il n'en convaincra évidemment jamais les autres pays d'Europe occidentale. Pour l'heure, c'est dans le cadre national que de Gaulle va défendre et illustrer une politique d'indépendance nationale. Cet objectif impliquait le redressement financier, le remboursement des dettes extérieures : « L'efficacité et l'ambition de la politique sont conjuguées avec la force et l'espérance de l'économie. »

Dès 1959, il s'est attelé au redressement financier. Le « plan Rueff » — du nom de l'économiste qui l'a conçu avec Louis Armand — est adopté malgré les risques d'impopularité, et suivi d'un train d'ordonnances *ad hoc*. Le Général déclare à la télévision : « Sans l'effort de remise en ordre, avec les sacrifices qu'il requiert et les espoirs qu'il comporte, nous resterons un pays à la traîne, oscillant perpétuellement entre le drame et la médiocrité. » La balance des paiements est bientôt équilibrée, le Trésor peut rembourser à l'étranger 1 milliard de dollars. Une décision symbolique est prise pour inaugurer le nouveau cours des choses : à la date du 1er janvier 1960, le « nouveau franc » est mis en place. Malgré la guerre en Algérie, la balance des paiements est restée équilibrée et les dettes ont été remboursées. Dans cet effort, de Gaulle a bénéficié d'une heureuse conjoncture économique, d'un taux de croissance industrielle en expansion, d'une bonne rentrée conséquente des impôts. Il n'est pas le grand magicien qui peut tout, mais le fait est qu'au début des années soixante, le franc est devenu une des monnaies les plus solides du monde.

Simultanément, de Gaulle poursuit son effort d'indépendance militaire. Il se refuse à la « docilité atlantique ». Cette indépendance implique que le pays possède pour sa sécurité les moyens modernes de la dissuasion. Le 13 février 1960, la France procède à l'explosion de la première bombe atomique et entre ainsi dans le « club atomique » très fermé, aux côtés des États-Unis, de l'URSS et du Royaume-Uni. Cette indépendance militaire vise aussi l'OTAN : « Il faut que la défense de la France soit française. » La conséquence directe de ce principe sera le retrait de la France de la direction de l'OTAN, l'évacuation des bases américaines du territoire français. En diplomatie, le Général n'a de cesse de défendre un quant-à-soi national, sur le Proche-Orient, sur Cuba, sur l'Afrique… Et c'est en grande pompe, d'égal à égal en apparence, qu'il reçoit les « grands », Nikita Khrouchtchev en 1960, John Kennedy en 1961. La part de « show » n'est pas niable, car sans l'OTAN et les Américains, l'indépendance prônée ne serait pas grand-chose. Mais fidèle à sa philosophie, de Gaulle fait « comme si ».

Pour le Général, il n'est pas douteux que la politique extérieure prime. À ce sujet, François Mauriac, son grand admirateur, écrira de la République gaullienne : c'est un « grand règne ». Le mot est sans équivoque. Il s'agit bien de la politique d'un *rex*, d'un monarque, d'un homme seul. La marque de cette politique a été le dégagement (plus symbolique que réel en matière de défense) de la domination américaine. Mais, pour cette grande politique — dans la lignée d'un Richelieu, disent ses partisans —, le chef de l'État dépend des questions intérieures, de l'opinion, des électeurs. C'est la fragilité de ce prince qui règne, certes, mais sur une démocratie : sa destinée est suspendue à l'assentiment que lui donneront ses compatriotes, à leurs votes, à leur soutien, à leur humeur.

Longtemps il put s'en prévaloir. En octobre 1962, tous les groupes parlementaires, à l'exclusion de l'UNR minoritaire, récusèrent son projet de faire élire le président de la République au suffrage universel. Le 4 octobre, le gouvernement Pompidou fut désavoué par une motion de censure, en raison de la procédure jugée inconstitutionnelle qu'il avait promue : s'adresser directement au peuple, en utilisant l'article 11 de la Constitution, sans passer par l'approbation du Parlement. Sans désemparer, le 10 octobre, le Président prononce la dissolution. Douze jours plus tard, les Français eurent à répondre à la question : « Approuvez-vous le projet de loi soumis au peuple français par le président de la République et relatif à l'élection du président de la République au suffrage universel ? » Une fois encore, de Gaulle mettait en balance son mandat de président : « Ce sont, déclarait-il le 4 octobre, vos réponses qui me diront si je peux et si je dois poursuivre ma tâche au service de la France. » Et le 26 octobre : « Si la nation française en venait à renier de Gaulle, sa tâche historique serait aussitôt impossible et par conséquent terminée. »

Les opposants crièrent au chantage. On dénonça le comportement bonapartiste — à ceci près que Napoléon III n'avait jamais remis en jeu son pouvoir par une consultation populaire. Un Cartel des « non », formé entre les socialistes, les radicaux, le MRP et les Indépendants, se mit en place : « Non à l'aventure, non à la violation de la Constitution, non au pouvoir absolu, non à l'inconnu. » Le parti communiste et le PSU, de leur côté, espéraient obtenir d'un résultat négatif la fin du régime établi en 1958. Cependant, le 28 octobre 1962, le « oui » l'emporta massivement, par près de 62 % des suffrages exprimés. Il est vrai que de Gaulle n'avait convaincu que 46 % des électeurs inscrits car on compta plus de 23 % d'abstention ou votes blancs, mais le succès du Général n'en était pas moins manifeste : le Cartel des « non » et le parti communiste n'avaient pu convaincre l'ensemble de leurs électeurs habituels. Le gaullisme référendaire, de nouveau, avait, au-dessus des partis, fait ses preuves.

Les élections législatives qui suivirent, les 18 et 25 novembre, confirmèrent le verdict populaire. L'UNR devenait le premier parti politique français, et Georges Pompidou était reconduit à son poste de Premier ministre, fort d'une majorité substantielle.

L'apogée

L'opposition jugulée, le Général put déployer la politique de son choix — et particulièrement la politique extérieure qui était primordiale à ses yeux : le rapprochement franco-allemand, l'hostilité à l'entrée du Royaume-Uni dans le Marché commun, l'autonomie de la défense nucléaire vis-à-vis des États-Unis. La suite de la diplomatie gaullienne confirma la volonté d'indépendance que, depuis la France libre, de Gaulle avait affirmée sans rien concéder. En 1964, la France reconnaissait la Chine populaire au grand dam de Washington. Les tournées du Général à travers le monde, saluées par les foules, furent autant d'occasions de poser le principe national pour chaque pays contre la domination impériale des États-Unis. En 1965, la France se retirait du Gold Exchange Standard et exigeait le remboursement de la dette américaine en or, provoquant une vague d'opinion antifrançaise aux États-Unis. La même année, il boycotta le Conseil des ministres de la Communauté européenne, en pratiquant ce qu'on appela la « politique de la chaise vide ». En 1966, commençait l'évacuation des bases américaines du territoire français. La distance prise avec les États-Unis se traduisait par d'autres actes, parfois retentissants. Le 1er septembre 1966, de Gaulle prononçait, devant le stade archiplein de Phnom Penh, un discours très critique de la guerre menée par les Américains au Vietnam. En juillet 1967, en voyage au Canada, il lance au balcon de l'hôtel de ville de Montréal un « Vive le Québec libre ! » qui l'oblige à écourter sa visite…

Cette année 1967 fut marquée aussi par la position qu'il prit au lendemain de la guerre des Six-Jours remportée par Israël. Sa conférence de presse du 17 novembre 1967 reste mémorable, pour deux raisons. L'acte d'accusation contre l'État hébreu était formulé dans un vocabulaire qui heurta la sensibilité de beaucoup, y compris de non-Juifs, et provoqua chez certains l'accusation d'antisémitisme chez de Gaulle, évoquant « un peuple d'élite, sûr de lui-même, fier et dominateur ». Raymond Aron s'en indigna comme beaucoup d'autres : « Écrivant librement dans un pays libre, je dirai que le général de Gaulle a sciemment, volontairement ouvert une nouvelle période de l'histoire juive et peut-être de l'antisémitisme. Tout redevient possible. Tout recommence. Pas question, certes, de persécution, seulement de malveillance. Pas le temps du mépris, le temps du soupçon. » C'était pour le moins une maladresse, dont le Général s'expliquera auprès de Ben Gourion, mais cette méprise eut pour effet d'affaiblir l'analyse à laquelle se prêtait de Gaulle sur l'occupation des territoires palestiniens : « une occupation qui ne peut aller sans oppression, répressions, expulsions », autant de faits qui entraîneront une résistance qu'Israël qualifiera de « terrorisme ». Il ne pouvait y avoir à ses yeux qu'une solution internationale, et « le règlement doit avoir pour base l'évacuation des territoires qui ont été pris par la force ».

Quelles que soient les critiques adressées à la politique extérieure du général de Gaulle (mégalomanie, obsession antiaméricaine, nationalisme), il est avéré que pendant ces années soixante, les Français purent ressentir une certaine fierté d'appartenir à une nation qui comptait de nouveau dans les affaires du monde, et dont les trois couleurs étaient ovationnées du Mexique au Cambodge. Après tant d'humiliations depuis la

reculade de Munich, la défaite de 1940, l'embourbement fatal
en Indochine et en Algérie, la France sous les deux étoiles du
Général reprenait sa place, bravait les géants, soutenait les
nations, parlait haut et fort à la tribune de l'ONU. Dans son
allocution du 10 août 1967, de Gaulle se réjouit que, désormais, « dans la situation assez tendue où se trouve le monde »,
la France pèse sur son destin. « Le progrès, l'indépendance, la
paix, tels sont donc les buts conjugués que poursuit notre politique. » Et de conclure : « La France, en quittant le système des
blocs, a peut-être donné le signal d'une évolution générale vers
la détente internationale, elle apparaît aux dévots de l'obé-
dience atlantique comme condamnée à ce qu'ils appellent l'isolement, alors que, dans l'univers, une masse humaine immense
l'approuve et lui rend justice. »

Ombres à l'intérieur

La politique extérieure du Général fut largement approuvée
par les Français, du moins jusqu'en 1966, année que l'on peut
considérer comme l'acmé de sa popularité. Le cœur patriotique
des citoyens s'en trouvait flatté, mais cette politique plaisait par
d'autres aspects, qu'applaudissait l'opinion de gauche. Les communistes, tout opposants qu'ils soient, n'étaient pas fâchés de
voir le chef de l'État mettre en question l'hégémonie américaine.
Les bonnes relations du Général avec les Soviétiques, le retrait
de l'OTAN, son voyage officiel en URSS (« Visite de la France
de toujours à la Russie de toujours »), ne pouvaient que plaire
au parti communiste et à ses électeurs. L'approbation dépassait
ses rangs quant à la politique favorable au Tiers monde. En mai
1966, une trentaine d'intellectuels et d'hommes de gauche

(Emmanuel d'Astier, Jean-Marie Domenach, Pierre Le Brun, André Philip, Roger Stéphane…) firent connaître leur assentiment : « Une politique internationale de paix fondée sur le refus d'intégration à des blocs hégémoniques, sur une Europe élargie et réconciliée et sur la coopération avec les pays du "tiers monde" et les nations "non engagées"… », c'était une politique que la gauche ne pouvait pas désavouer.

En 1967, le vent tourne. Les deux nouveaux « exploits » du Général, ses déclarations sur Israël et sur le Québec, provoquent l'incompréhension et la réprobation. Le pays est profondément attaché à la politique jusque-là menée en faveur de l'État hébreu. En septembre 1967, une enquête d'opinion montre que 68 % des sondés expriment leur sympathie à Israël contre 6 % favorables aux pays arabes. Et sur la politique gaullienne, un autre sondage, en décembre de la même année, révèle que 33 % désapprouvent cette politique contre 30 % qui y adhèrent (et 37 % ne se prononçant pas). Sur la question du Québec, les Français, mal informés sur la situation des francophones dominés par les Canadiens anglo-saxons, désapprouvent à 45 % le parti pris du Général contre seulement 18 % qui l'approuvent. Valéry Giscard d'Estaing, de son côté, dénonce la « politique solitaire du pouvoir ».

Toutefois, de Gaulle a surtout eu maille à partir dans sa politique intérieure. Une crise de confiance, éphémère mais grave, s'est installée en mai 1963 au moment de l'interminable grève des mineurs. Du mois de mars au mois de mai, la cote du Président baisse sensiblement. D'une manière générale, la politique économique et sociale fait l'objet de continuelles récriminations et oppositions. Jean Charlot, historien du gaullisme, note ainsi qu'à « aucun moment, sous la Ve République, sauf en 1959, les Français n'ont cru, fût-ce à la majorité relative, que la situation économique de la France allait s'améliorer ». Ce pessimisme contrastait avec la réalité. La majorité d'entre eux est convaincue que son niveau de vie baisse. Au cœur des « Trente Glorieuses », comme on appellera plus tard approximativement les trois décennies qui précèdent la crise du milieu des années soixante-dix, la « société de consommation », comme on la nommera, est composée d'une majorité inquiète de son sort. Entre 1958 et 1970, le taux de croissance s'élève à 5,8 %, dépassant celui des États-Unis, du Canada, de l'Allemagne, de l'Italie et du Royaume-Uni : la France connaît une embellie économique sans précédent. Mais cette envolée dans la modernisation a ses limites, qui s'appellent l'inflation, les difficultés des petites entreprises, la disparition des établissements les moins adaptés au marché, la fermeture des entreprises archaïques, l'étouffement de la paysannerie… les manifestations de caractère social et les grèves ont émaillé les années du pouvoir gaulliste. L'opinion et les médias ont souvent perçu avec plus d'acuité les « dégâts du progrès » que l'extraordinaire mutation économique dont la France a été le théâtre, dans une conjoncture internationale favorable.

Ce mécontentement endémique pouvait avoir des effets sur le terrain politique et électoral. Lors de la première élection présidentielle au suffrage universel, en 1965, personne n'eût parié sur une défaite de De Gaulle, dont la cote de popularité restait élevée. Le Président qui achevait son septennat se vit affronté par deux candidats dynamiques, François Mitterrand représentant la gauche et Jean Lecanuet, de la famille démocrate-chrétienne, particulièrement hostile au Général en raison de sa politique « anti-européenne ». Chacun s'attendait, eu égard aux référendums antérieurs, que de Gaulle l'emporterait dès le premier tour. Il n'en fut rien, Mitterrand (32 % des voix) et

Lecanuet (presque 16 %) parvenaient à mettre de Gaulle en ballottage (36,8 %). Celui-ci avait dédaigné de faire une campagne digne de ce nom, jugeant sa popularité infaillible ; il n'en est que plus déconcerté, affligé et même tenté de se retirer au vu de ces résultats du premier tour si décevants. Requinqué par ses proches, il se lance cette fois activement dans la campagne du second tour, et l'emporte finalement sur François Mitterrand par 54,5 % des suffrages. Mais l'unanimité, le rassemblement, l'union du peuple de France dont il rêvait, il doit comprendre que c'est une illusion. Il y aura désormais sous la Ve République une opposition capable de rallier une partie notable des électeurs.

L'année 1967, qui voit la désapprobation prendre forme sur la politique étrangère, est aussi celle des élections législatives qui peuvent remettre en question le régime politique que le Général a fondé. Le parti communiste reste puissant, la gauche non communiste (FGDS, PSU) est à peu près de force égale, le Centre démocrate est sur la lancée du succès relatif de Lecanuet à la présidentielle, autant de menaces qui pèsent sur la majorité. De Gaulle ne peut plus se situer « au-dessus des partis », il doit faire face. Le 4 mars, il s'adresse aux Français : qu'ils lui permettent de poursuivre sa politique et, à cet effet, qu'ils lui assurent une majorité au Parlement, sans laquelle il ne pourrait plus œuvrer ! « Au contraire, tous les espoirs sont permis à la nation si notre Ve République l'emporte ! »

Les résultats ne sont pas à la hauteur de ses espérances. Au soir du second tour, les gaullistes disposent de 233 sièges, alors que la gauche en gagne 193, auxquels s'ajoutent les 44 sièges de la droite non gaulliste. La crise du régime est évitée de peu. Mais le pouvoir gaulliste semble usé.

Une contradiction s'élevait entre les principes politiques et constitutionnels du général de Gaulle et l'aspiration à la

pratique courante des démocraties libérales. Des institutions
fondées et définies par lui comme « essentiellement et excep-
tionnellement démocratiques et populaires [puisque] c'est
l'événement du pouvoir direct du peuple sur lui-même », il a
cru mettre en place durablement « une autorité suprême, légi-
timée par les événements et appuyée sur la confiance du
peuple ». Le multipartisme séculaire, l'extrême division des
Français lui avaient permis de se poser en pacificateur et en
rassembleur. Mais, sans l'avoir voulu, en instaurant l'élection
du président de la République au suffrage universel, il favori-
sait la naissance de la bipartition — celle du second tour. Lui
qui méprisait les partis devait se résigner à l'idée que son pouvoir dépendait aussi d'un parti gaulliste majoritaire qu'il devait
soutenir tel le chef d'un parti tory. La « monarchie élective »
qu'il avait inventée révèle ses limites ; elle frappe à la borne de
l'unité, si rarement réalisée. Contre l'idéal de l'unanimité, s'est
reconstruite après la guerre d'Algérie la conflictualité propre à
la vie démocratique. La Ve République, en organisant la dualité
majorité/opposition, était entrée dans une nouvelle phase qui
sapait les bases du « rassemblement » rêvé. La société pluraliste
et la démocratie représentative n'étaient pas les simples fan-
tômes d'une IVe République décriée ; elles étaient les éléments
constitutifs d'une autre forme de démocratie que la démocratie
présidentielle avait cru enterrer mais qu'elle aurait désormais à
affronter.

Dans un premier temps, de Gaulle avait réussi à rassembler
le peuple français dans l'instauration d'une nouvelle République et dans la fin de l'ère coloniale : ce fut la double base du
« renouveau ». Mais il a échoué dans sa volonté de préserver
l'approbation unanime de son action. Habité par la nécessité

du rassemblement, il avait, malgré lui, en instaurant l'élection présidentielle au suffrage universel et à deux tours, contribué à organiser la vie politique en deux camps, la gauche et la droite. Tous les mécontentements trouvaient leur exutoire dans un candidat d'opposition unique au second tour de la présidentielle. Cette perspective avait permis aux partis de gauche de s'unir sur la base d'une candidature commune. Depuis 1962 — la fin de la guerre d'Algérie et l'élection du président au suffrage universel —, c'en était fini de l'union sacrée.

V

SORTIE DE SCÈNE

« Dix ans, ça suffit ! » Un slogan monté des journées tumultueuses de Mai 68 traduit le paradoxe français tout à la fois monarchiste et régicide.

Depuis le début de la Ve République, et surtout depuis 1962, la France dispose d'institutions solides, d'un régime politique stable. Les sondages d'avril 1968 témoignent d'une satisfaction d'ensemble appréciable, puisque le Général bénéficie d'une cote de popularité de 61 %. Toutefois, le style personnel et autoritaire du régime, qui était bien adapté à l'époque du drame algérien, est de plus en plus déphasé dans cette France postcoloniale. De plus, la personnalisation même du pouvoir focalise sur de Gaulle plus que sur son Premier ministre les sujets de mécontentement.

La crise de mai 1968 devait sonner le glas.

Au début de juin, Raymond Aron, pourtant hostile à ce qu'il appelle « la révolution introuvable » des étudiants, n'en met pas moins en avant les faiblesses du pouvoir fort : abus de la centralisation, effacement du Parlement, abaissement de tous les corps intermédiaires… « Le régime, écrit-il, a supprimé toutes les soupapes de sûreté. » On reconnaît là une critique libérale du gaullisme qui, selon Aron, « a poussé jusqu'à l'absurde la mise en question du régime tout entier par n'importe quel accident ou incident ».

La majorité ne dispose plus à l'Assemblée, depuis les élections de 1967, que d'un court avantage sur l'opposition. Ce qui la sauve encore, c'est la division de celle-ci, entre communistes, socialistes et centristes. Quand, le 22 mai 1968, une motion de censure est mise aux voix, elle obtient 233 « oui », mais il en faut 244 pour renverser le gouvernement.

Au cœur de la crise de mai, l'initiative revient donc au Janus gouvernemental, le chef de l'État et son Premier ministre. Or de Gaulle et Pompidou — de même que la plupart des ministres et des parlementaires — n'ont pas senti le danger. Tandis que l'un, le Premier ministre, va se ressaisir avec efficacité, l'autre, le général de Gaulle, laisse planer, jusqu'au 30 mai, une impression d'impuissance face à cette crise inconcevable. Après coup, on s'étonne des voyages à l'étranger qui ne furent pas annulés : Pompidou est en Iran et en Afghanistan du 2 au 11 mai ; le général de Gaulle, en Roumanie, du 14 au 18. Manifestement le mouvement des étudiants, commencé le 3 mai, non plus que la grève générale décrétée le 13 mai n'ont été appréciés à leur niveau de danger.

Le 24 mai, l'alerte est devenue évidente. Tout naturellement, de Gaulle compte sur son autorité naturelle, sur l'éclat de son verbe, sur son ascendant pour rétablir l'ordre, anéantir l'adversaire, comme en 1960 et 1961, en solidarisant autour de lui l'ensemble de la nation. À 20 heures, ce jour-là, il prononce une brève allocution télévisée, au cours de laquelle il évoque un projet de référendum sur la participation. Si la réponse est « non », il quittera le pouvoir. Est-ce manque de conviction de sa part ? Lassitude ? Toujours est-il que son discours fait long feu. Loin de sauver une situation compromise, en montrant des signes de fatigue, il encourage l'adversité.

Le 27 mai, après le rejet des « accords de Grenelle », passés entre les représentants des syndicats, le patronat et le gouvernement, par la base ouvrière de chez Renault, dans une France paralysée par la grève générale, on peut dire que la crise du régime est ouverte. L'œuvre constitutionnelle et politique de De Gaulle paraît soudain ébranlée dans ses fondements. Comment la défendre ? Par qui ?

Ce régime, c'est encore une fois la division de la gauche qui va le sauver. Le PCF et la CGT, désireux de n'être pas débordés sur leur gauche, ont pris dès le début une attitude antigauchiste. Depuis 1965, leur stratégie est claire : les communistes recherchent l'union de la gauche avec la FGDS (Fédération de la gauche démocrate et socialiste), dominée par François Mitterrand. Un accord électoral passé en 1967 les encourage. Il n'est nullement question pour eux d'engager un processus révolutionnaire, dans lequel l'aile gauche du mouvement étudiant voudrait les entraîner. Pour Jean-Paul Sartre, qui se fait le porte-voix des aspirations de l'ultragauche, les communistes « ont peur de la révolution » ; ils se placent dans une position de complicité objective avec de Gaulle.

Le mouvement étudiant, de son côté, a réussi à capter de nombreuses sympathies dans la gauche non communiste, à la CFDT notamment. C'est ainsi que cette organisation syndicale s'associe au meeting qu'organisent, le 27 mai, l'UNEF et le PSU au stade Charléty. Pierre Mendès France leur offre sa caution silencieuse. Une nouvelle force de gauche s'affirme. « Aujourd'hui, la révolution est possible », déclare à Charléty André Barjonet, démissionnaire de la CGT et du PCF. Le lendemain, 28 mai, François Mitterrand tient une conférence de presse où il annonce sa candidature à la présidence de la République, tout en citant le nom de Mendès France — lequel, de son côté, confirme qu'il ne refusera pas les responsabilités de Premier ministre qui pourraient lui être confiées par « la gauche réunie ».

Les communistes, hostiles à Mendès France, entendent bien ne pas se laisser prendre la direction du mouvement populaire et appellent à de nouvelles manifestations, tout en rejetant la fusion des deux courants contestataires. Le 29 mai, coup de théâtre. Tandis que les défilés de la CGT occupent les rues, on apprend que de Gaulle a subitement quitté Paris. La vacance du pouvoir devient manifeste. Le soir, Pierre Mendès France déclare à la presse qu'il se tient prêt à prendre la direction du « gouvernement provisoire de gestion » préconisé la veille par François Mitterrand. L'affolement gagne les rangs de la majorité ; des ministres préparent leur valise. Dans l'opposition, le leader centriste Jean Lecanuet se fait entendre : « Si Pierre Mendès France apporte la sauvegarde des libertés, s'il fait une politique européenne et sociale, nous n'avons pas à discuter les hommes qu'il choisira. » Mais, le lendemain, 30 mai, on assiste au retour soudain du général de Gaulle et à la contre-offensive décisive des gaullistes.

Le sursis

De Gaulle revenait de Baden-Baden, où il était allé consulter le chef des troupes françaises stationnées en Allemagne, le général Massu. Pour quelles raisons ? Les avis diffèrent encore aujourd'hui sur l'interprétation de cette fugue éphémère. Selon Georges Pompidou, qui en parle dans son livre posthume, *Pour rétablir une vérité*, le Général avait eu une crise de découragement, il était prêt à s'expatrier. « C'est le général Massu qui, par son courage, sa liberté d'expression, son rappel du passé, l'assurance de la fidélité de l'armée, réussit à modifier la détermination du Général, puis à la retourner complètement. » Ce témoignage a été confirmé par l'aide de camp du général Massu, le colonel Richard, dans un numéro de l'hebdomadaire *Le Point* du 10 janvier 1983. En revanche, cette relation est contestée par le politologue François Goguel dans un numéro de *L'Espoir*, revue de l'Institut Charles de Gaulle, de mars 1984. L'ancien président du Conseil constitutionnel démonte les ressorts psychologiques et politiques d'un malentendu. Pour lui, ce voyage avait pour but « d'opérer un choc décisif sur l'opinion. Le départ de Paris ne marquait pas la renonciation, mais le début du ressaisissement ». Il se pourrait que la vérité, comme souvent, se situe entre ces deux affirmations contradictoires. De Gaulle n'était pas immunisé contre les crises de découragement (du drame de Dakar en 1941, il dira : « Oui, j'ai eu la tentation de tout plaquer »), mais il savait aussi les dépasser, se redresser, se relever. En soldat, il n'ignorait pas les avantages du recul stratégique. Auprès de Massu, il ne cherchait pas seulement un appui psychologique, il testait aussi ses chances de rétablissement.

Quoi qu'il en soit, de Gaulle exécute un retour fracassant. Le Premier ministre finit par le convaincre à son retour de renoncer provisoirement à son référendum, de dissoudre l'Assemblée et de préparer de nouvelles élections. Dès lors, appelant à l'« action civique » des Français à la radio, le 30 mai, à 16 h 30, le Général désigne l'adversaire à vaincre : « le communisme totalitaire ». Le même jour, un peu plus tard, après une dernière séance à l'Assemblée, une immense manifestation gaulliste rassemble plusieurs centaines de milliers de personnes sur les Champs-Élysées, derrière André Malraux, Michel Debré et autres leaders et ministres du Général. Le lendemain, 31 mai, des manifestations de soutien de grande ampleur sont organisées en province. Le 1ᵉʳ juin, l'essence, qui avait manqué jusque-là, coule de nouveau dans les stations-service. C'est samedi, le début du week-end. Le retour du balancier est entamé. Les élections vont avoir pour effet de normaliser le conflit politique. Les gauchistes entonnent le slogan : « Élections, trahison ! » mais l'on comprend que la phase ascendante de la crise est terminée.

Peu à peu, les choses se remettent en effet en place, la reprise du travail est progressive. Le 6 juin, alors qu'elle a lieu à l'EDF, dans la sidérurgie et à la RATP, *L'Humanité* titre : « Reprise victorieuse du travail dans l'unité ». Le quotidien communiste s'en prend à ceux qui essaient d'empêcher cette reprise du travail « là où une conclusion victorieuse a couronné la lutte ». La reprise, en effet, est ralentie par de nouveaux conflits mais la contre-offensive gouvernementale, appuyée sur une opinion publique lassée par les grèves, les troubles et les violences, a désormais l'initiative. Le 16 juin, la Sorbonne occupée depuis des semaines par les étudiants est évacuée ; le 18 juin, les usines Renault cessent leur grève.

Les élections législatives des 23 et 30 juin aboutissent au succès complet des candidats gaullistes, qui obtiennent les trois quarts des sièges de l'Assemblée, une véritable « chambre introuvable ». Cependant, cette victoire n'a pas été exactement celle du général de Gaulle. Celui-ci a dû renoncer au référendum, au moins provisoirement. Il a dû accepter la solution préconisée par son Premier ministre, dont l'autorité s'est affirmée tout au long de la crise. Au moment où les députés gaullistes n'ont jamais été aussi nombreux, de Gaulle connaît une sérieuse atteinte à son crédit. Il avait été quelque peu dépassé par une crise inédite. Il lui fallait redresser son prestige. Pour l'heure, il remplace à la tête du gouvernement Georges Pompidou par Maurice Couve de Murville, bien décidé à reprendre personnellement la main.

Trop occupé de politique extérieure, il avait cru régler les grands problèmes intérieurs par la solidité des institutions qu'il avait mises en place. La crise de mai lui révèle les nouvelles aspirations des citoyens. L'État gaullien va donc prendre en charge la grande réforme des rapports sociaux par la voie privilégiée de la démocratie directe, le référendum. Un maître mot résume l'esprit des réformes préconisées, la participation. La double question soumise à référendum en avril 1969 concerne la création de régions et la rénovation du Sénat. Les conseils régionaux et le nouveau Sénat devaient en particulier représenter les activités économiques, sociales et culturelles. Les formations de gauche et les centristes se déclarent pour le « non ». C'est surtout Valéry Giscard d'Estaing qui, en invitant au vote négatif, allait faire basculer une partie de la droite et provoquer la chute du général de Gaulle.

Fidèle en effet à sa conception du référendum, véritable question de confiance soumise au peuple, aussitôt connus les résultats de la consultation du 27 avril 1969 (47 % de « oui » contre 53 % de « non »), le président de la République annonce le soir même sa démission. Le dénouement de la crise commencée au début de mai 1968 aura lieu le 15 juin 1969, second tour d'une élection présidentielle qui portera au pouvoir Georges Pompidou.

Un double parcours sans équivalent

Le double parcours du général de Gaulle, celui de la France libre et celui de la Ve République, se révèle sans équivalent dans l'histoire contemporaine de la France. On connaissait le retour de Clemenceau en 1917 ou celui de Poincaré en 1926, mais ni l'un ni l'autre n'avaient exercé les rôles successifs de sauveur et de législateur. La crise de mai 68 lui a été fatale. Il y eut quelque ingratitude de la part des Français à le congédier après tant de services exceptionnels rendus au pays. De Gaulle mourut peu de temps après son échec au référendum, le 9 novembre 1970. Mais il appartenait à la mémoire collective de transformer sa vie et son exemple en légende nationale.

VI

DE GAULLE DANS SA LÉGENDE

À l'époque des sondages, la cote de popularité du général de Gaulle, depuis son retour au pouvoir en 1958 jusqu'au référendum perdu de 1969, porte témoignage de son exceptionnelle relation avec les Français. Le tableau de l'Institut français d'opinion publique (IFOP) montre que, tout au long, le pourcentage des « satisfaits » l'emporte sans faillir sur celui des « mécontents ». Sur cette courbe de popularité, un seul moment marque une sensible inflexion, la grève très populaire des mineurs en 1963. Or, même dans cette conjoncture, la cote du Président ne descend pas au-dessous de 42, et reste supérieure de deux points au taux de mécontentement. À cette exception près, l'opinion approuve massivement le chef de l'État, à plus de 70 % pendant la guerre d'Algérie, puis entre 55 et 65 %. Avant son échec final, un dernier sondage lui accorde encore 53 % d'opinion favorable (contre 33 % de mécontents). Ces chiffres en imposent. Pendant les dix années de son retour au pouvoir, le fondateur de la Ve République — quelles que soient les critiques et les oppositions variables mais réelles — a été pour une grande part en osmose avec le peuple sans lequel, disait-il, il n'avait aucun droit à gouverner. Aucun de ses successeurs — à l'exception de Georges Pompidou, dont le mandat fut écourté — ne pourra se targuer d'obtenir un tel assentiment populaire dans la continuité.

De Gaulle et les Français

Dans un album consacré à de Gaulle en 1979, deux photos retiennent l'attention. La première a été prise à Dole, en juin 1962, au cours d'un de ses voyages dans la France profonde que le Général affectionnait. Un homme d'âge mûr à lunettes, trompant la vigilance du service d'ordre, réussit à saisir de ses deux mains le visage du président de la République : « Laissez-moi vous embrasser, mon Général… » Cette ferveur débordante se mue parfois en ferveur sacrée, comme sur cette seconde photo, prise par Henri Bureau, lors des obsèques de Charles de Gaulle à Colombey-les-Deux-Églises. Le *half-track* transportant le cercueil progresse lentement dans la rue principale du village. La foule est retenue de part et d'autre de la voie par des barrières métalliques derrière une première rangée de gendarmes. Or un jeune homme parvient, malgré ce double rempart, en projetant son corps en avant, à poser sa main sur le véhicule, à quelques centimètres du drapeau tricolore qui le recouvre. Le toucher, l'embrasser, lui serrer la main : des millions de Français ont tenté ces gestes religieux, du vivant du Général jusqu'à sa mort. Depuis 1940, et surtout depuis la Libération, de Gaulle a été l'objet d'un culte, dont les adeptes ont été de plus en plus nombreux. Que le même héros ait été à plusieurs reprises la cible des tueurs, et qu'il ait réussi à échapper à tous les attentats comme par miracle, a encore accru sa charge de fascination : il était protégé d'en haut.

Si l'on veut rationaliser ces attitudes de dévotion exception-
nelles à son égard de la part de ses compatriotes (et parfois des
foules étrangères), on peut retenir trois raisons, toutes les trois
ancrées dans une mythologie séculaire.

De Gaulle incarne d'abord le mythe du Sauveur. Il reste à
tout jamais celui qui, dans la tourmente de 1940, la patrie
défaite et humiliée par l'envahisseur, a su dire « non », en prê-
tant à cette nation un autre visage : le messager du 18-Juin.
L'homme de caractère, inflexible, intraitable. Gloire rétrospec-
tive, sans doute, car peu de Français peuvent se vanter d'avoir
entendu son appel à la radio anglaise ; mais gloire fondatrice de
la légende gaullienne. On a, dans cette aventure incroyable,
assimilé de Gaulle à Jeanne d'Arc. L'analogie est parlante : un
pays déchiré, l'ennemi foulant le territoire national et l'inspiration forcément providentielle qui pousse une simple fille des
champs, un tout récent général de brigade, à accomplir le geste
unique qui doit sauver, jadis le royaume, aujourd'hui la patrie.
Dans la mémoire collective des Français, on rencontre cette
conviction, plus ou moins avouée, que leur pays bénéficie d'une
élection particulière. Pays frondeur, incapable de s'unir, mais
aussi pays du miracle : qu'il s'agisse de l'improbable sainte
Catherine, de l'incertain archange saint Michel, de l'attention-
née Vierge Marie, de la colombe portant le saint chrême au
baptême de Clovis, ou de Dieu le père en personne, il faut s'y
résoudre, la France est une terre sainte qui, de Domrémy à
Lourdes, de La Salette à Colombey, fait surgir le Ciel de façon
saisonnière.

Cette image du sauveur se démultiplie en images secondaires
et complémentaires. De Gaulle a été ainsi le libérateur et le
pacificateur. Chacun a dans son esprit l'extraordinaire photo de
la descente des Champs-Élysées le 26 août 1944, et le texte des

Mémoires : « Paris insurgé, Paris libéré... », etc. Un esprit sceptique peut se gausser de l'illusion : après tout, nul besoin de
De Gaulle, de toute façon ce sont les Américains qui ont libéré
le sol français. Oui, mais le génie du Général a été justement
d'attirer sur son képi l'immense joie de la Libération, après
avoir permis aux chars de la Division Leclerc d'entrer les premiers dans la capitale — elle-même insurgée depuis dix jours.
Et puis, il a été le pacificateur, celui qui a su unifier la Résistance française, éviter la guerre civile (comme en Grèce ou en
Yougoslavie) et, peut-être encore davantage, celui qui a clôturé
l'ère coloniale. Malgré une minorité de partisans de l'Algérie
française, qui lui en a toujours gardé rancune, de Gaulle pour le
plus grand nombre est celui qui a débourbé le pays des guerres
post-coloniales où il épuisait ses forces, et par lesquelles il était
arrivé au bord du gouffre.

Deuxième mythe force que de Gaulle représente : le rassembleur. Nulle photo n'en suggère mieux le pouvoir que celles
qui nous le montrent, si souvent, face à la foule, les bras levés en
forme de « V ». Au-dessus des passions ordinaires et des rivalités mesquines, il s'adresse au peuple, par-delà même la foule
qui l'acclame. Cette dimension populiste et « anti-système » (la
relation directe entre le Chef et les masses) répond sans doute à
un besoin profond d'une nation qui, depuis 1789, n'avait
jamais pu trouver son unité. Mais elle laisse pressentir une
tentation d'apolitisme inquiétante : l'antiparlementarisme des
IIIe et IVe Républiques, l'accueil triomphal du maréchal Pétain
en 1940, aussi bien qu'aujourd'hui les diatribes contre les
« élites » et la condamnation des partis montrent la continuité
d'une tendance lourde, et qu'on peut assimiler à une peur de la
société conflictuelle, au rejet de la démocratie participative,
dont le corollaire est la demande d'autorité. Dans le cas français,

deux familles ont travaillé historiquement à ce que Raoul Girardet appelait le « mythe de l'unité » : à droite les surgeons du légitimisme et à gauche les héritiers du jacobinisme. Deux courants qui convergent dans la dénonciation des « factions » et dans l'idée du peuple-un. Catholique et républicain, le général de Gaulle a été le grand prêtre de la communion française qui a pris corps dans la nation une et indivisible. Conforme à l'idéal de l'« Union sacrée », il n'a jamais fondé de parti, n'ayant jamais voulu que le *rassemblement*. Alain Peyrefitte, à qui de Gaulle se confiait, critiquait cette aspiration : « Il ne pourra tenir son rôle qu'en s'appuyant sur le socle d'une solide majorité nationale. Le Général a du mal à l'admettre, mais il s'y fait peu à peu. Son rêve unanimiste se dissipe, Dieu merci ! » Reste, jusqu'au bout, son déni de l'opposition entre la gauche et la droite, sa volonté de se tenir au-dessus des partis. Vieille conception monarchiste ou bonapartiste sans doute, car de Gaulle est un républicain de raison, républicain par la volonté du Peuple, mais il ne se résignera pas au principe du pluralisme politique — la base même de la démocratie libérale. Au demeurant, il a su, dans les moments dramatiques, personnaliser l'union des Français. Pour rassembler, de Gaulle était convaincu qu'il fallait incarner l'union ; il s'en croit chargé, comme un élu du destin, non sans douleur : « Le fait d'incarner, écrit-il dans ses *Mémoires de guerre*, pour mes compagnons, le destin de notre cause, pour la multitude française le symbole de son espérance, pour les étrangers la figure d'une France indomptable au milieu des épreuves, allait commander mon comportement et imposer à mon personnage une attitude que je ne pourrais plus changer. Ce fut pour moi, sans relâche, une forte tutelle intérieure en même temps qu'un joug bien lourd. »

Homme providentiel, rassembleur, Charles de Gaulle a

assumé une troisième fonction qui a enraciné son prestige dans la durée : il fut le grand Législateur. En 1958, d'aucuns se sont résignés au retour du Général dans un dessein précis : faire la paix, ce que la IVᵉ République s'est révélée dans l'impossibilité d'accomplir. Tout naturellement, en 1962, la guerre d'Algérie terminée, une bonne partie de la classe politique a souhaité sa retraite à Colombey, tout comme, jadis, dans la république romaine, on élevait au pouvoir temporairement un dictateur pour régler une grave difficulté, après quoi au revoir et merci : Cincinnatus, appelé au pouvoir alors qu'il labourait son champ, revenait vertueusement, mission accomplie, à sa charrue. Eh bien non, de Gaulle ressortit moins au répertoire romain qu'à celui de la Grèce antique : il est celui qui a donné les lois fondamentales à la cité, un Solon moderne, un Lycurgue contemporain.

On y pense en regardant, dans le même album cité plus haut, une photo assez rare du Général posant devant le Parthénon d'Athènes : il semble s'imprégner de toute la sagesse de l'Antiquité. Là où il y avait désordre, cohue, ingouvernabilité, le législateur a établi l'harmonie. Qu'on ne s'y méprenne pas : le législateur n'est pas un expert en droit constitutionnel ; il est l'homme inspiré. Machiavel le dit clairement : « Il est bien vrai qu'il n'y eut jamais d'instituteur de lois extraordinaires chez un peuple qui ne se réclamât de Dieu, parce qu'autrement elles n'auraient pas été acceptées. » Et Rousseau, dans *Le Contrat social*, prête, lui aussi, au législateur cette « raison sublime », se réclamant de l'« autorité divine », qui le hausse au-dessus des « hommes vulgaires » : « Il n'appartient pas à tout homme de faire parler des dieux, ni d'en être cru quand il s'annonce pour être leur interprète. La grande âme du législateur est le vrai miracle qui doit prouver sa mission. »

Il ne fallait pas moins d'un Sauveur et d'un Rassembleur pour remettre sur la table de travail l'introuvable Constitution qui, après une quinzaine d'autres, serait enfin acceptée par l'ensemble des Français. Là où le bât blesse, du point de vue rousseauiste, c'est que la fonction du législateur doit toujours être séparée de la fonction de gouvernement : « Celui qui commande aux hommes ne doit pas commander aux lois, celui qui commande aux lois ne doit pas non plus commander aux hommes. » Or de Gaulle a cumulé les emplois. Mais sa gloire, loin d'en souffrir, n'en a été que plus éclatante. De même qu'on a pu dire de Jean-Paul Sartre qu'il était un « écrivain total » (philosophe, romancier, pamphlétaire, dramaturge, journaliste, chansonnier...), de même de Gaulle reste dans l'imaginaire des Français l'homme d'État total, le chef d'orchestre sachant jouer de tous les instruments tout en faisant exécuter sa propre musique.

Sauveur de la patrie et de la société, rassembleur de ses compatriotes fratricides, législateur de la Ve République, les différents emplois du général de Gaulle sont indissociables, dès le début de son aventure. Le vrai et le mythique font bon ménage dans cette sainte trinité dont la cohérence est largement tributaire de la mise en scène très élaborée de l'artiste : ses dits et écrits ont concouru à construire sa représentation d'homme hors du commun. Pourtant, ni le talent de faire-valoir, ni les circonstances (la guerre, la défaite, la guerre d'Algérie) ne suffisent à expliquer sa réussite. Si l'image de De Gaulle est parvenue au degré d'admiration et de ferveur qu'elle occupe dans l'esprit collectif, c'est aussi en raison d'une personnalité dont la nature tient en grande partie de ses ambivalences.

De Gaulle est un soldat pour qui l'armée n'est que l'instrument du pouvoir politique. C'est une constante chez lui. Par sa formation de saint-cyrien, sa carrière, sa culture, il fait pleinement partie de l'armée française, avec ses « grandeurs et servitudes ». Mais tout se passe comme si ce féru de stratégie, dépourvu d'esprit de caste, s'arrangeait pour toujours déplaire à ses collègues : avant la guerre, avec ses idées sur la puissance mécanique ; en 1940, par son acte éclatant de désobéissance (« ceux qui accomplirent quelque chose de grand durent souvent passer outre aux apparences d'une fausse discipline ») ; pendant la guerre d'Algérie… Un militaire si peu militaire : deux petites étoiles, une vareuse sans décorations, rien d'une culotte de peau, et la volonté de subordonner toujours le pouvoir militaire au pouvoir civil.

De Gaulle, par ailleurs, se révèle un monarque démocrate. Nul doute qu'à ses yeux, la nation a besoin d'un guide et qu'il exerce, une fois arrivé à la tête de l'État, un vrai pouvoir personnel. *Le Canard enchaîné* publie chaque semaine un feuilleton à la manière de Saint-Simon, « La Cour ». Un style de majesté, le sens de la solennité, une légitimité historique à défaut d'une légitimité héréditaire, tout incite à la comparaison avec les attributs de la monarchie. Mais c'est une monarchie élective et sous contrôle. À chaque référendum, de Gaulle remet en question sa place à l'Élysée. Au premier « non » qu'on lui oppose, en 1969, il s'en va. Du reste, pour l'ordinaire, le Général ne dédaigne pas les gestes simples, les banalités, les familiarités : c'est un dieu jovial. Dans l'album, on s'attendrit devant ce Président qui, assistant en 1967 à la finale de la Coupe de France de football au Parc des Princes, reçoit par hasard le ballon échappé du terrain de jeu. Comme un simple spectateur, les bras tendus, il le renvoie sportivement aux joueurs, à la grande joie des millions de Français qui assistent au match à la télévision.

De Gaulle est un nationaliste en quête d'universel. Il a la religion nationale, mais sans exclusive. « Le nationalisme, ça consiste à affirmer sa propre nation au détriment des autres. Le nationalisme, c'est de l'égoïsme. Nous, ce que nous voulons, c'est que *tous* les peuples affirment leur sentiment national. » Nationaliste néanmoins, à son corps défendant, pour affirmer : « La France est la lumière du monde, son génie est d'éclairer l'univers. » Il croit en la grande France, accueillante, généreuse, celle qui peut intégrer celles et ceux qui ont la volonté de devenir français, sans hiérarchie d'origines. En même temps, il défend l'idée de souveraineté nationale non seulement pour la France mais partout : que chaque peuple en fasse profit contre les deux super-grands, contre les empires. Jamais un nationaliste français n'a connu pareille admiration à l'étranger. En Turquie, les petits marchands vendent sa photo officielle à côté de celle de Brigitte Bardot, et partout où il va, il sait apprendre par cœur les mots de la langue locale par respect des cultures et des identités nationales. « La magistrature de la France est morale. En Afrique, en Asie, en Amérique du Sud, notre pays est le symbole de l'égalité des races, des droits de l'homme et de la dignité des nations. » Les Français aiment être aimés à travers lui.

On pourrait continuer la litanie. De Gaulle est un sphinx éloquent (il est secret dans ses démarches, cultive le silence, veut inspirer le mystère pour mieux surprendre par ses décisions ; en même temps il devient le magicien de la conférence de presse télévisée). Il a la double réputation du machiavélien *et* de l'incorruptible (tacticien hors de pair, sachant diviser l'adversaire, faire courir les fausses rumeurs… Simultanément, on lui donne le bon Dieu sans confession : mari et père modèle, intégrité totale). Il est à la fois moderne *et* obsolète, pessimiste *et* entreprenant, généreux *et* ingrat ; il se montre un idéaliste pragmatique : « Le plus difficile est de rester réaliste quand on a un idéal, et de garder son idéal quand on voit les réalités. » À coup sûr, la richesse de ces ambivalences — celles du caractère comme celles des idées — a contribué à rendre de Gaulle irréductible à toute tentative de classement. Presque tous les hommes politiques sont catalogués, donc prévisibles, donc ennuyeux plus souvent qu'ils ne le voudraient. Jusqu'à la fin, de Gaulle a surpris, dérouté, indigné ou subjugué ses contemporains.

On peut interpréter l'échec du référendum et le départ du général de Gaulle en 1969 comme un rite de passage que les Français se seraient imposé à eux-mêmes : ils renonçaient au pouvoir charismatique du grand homme, ils allaient vivre sans dieu tutélaire, ils étaient devenus des adultes — c'est-à-dire des démocrates. Ce qui restait encore à prouver.

En définitive, la personnalité et l'action du général de Gaulle ne laissent pas de nous interroger sur le rôle des « grands hommes » et sur le caractère du peuple français.

Contre les approximations et les réductions d'un « roman national » retraçant l'Histoire par les cimes et les figures tutélaires — une « histoire-théâtre » —, plusieurs écoles historiques — l'école marxiste et l'école des *Annales* — ont donné sens à une histoire collective, voire anonyme, celle de « l'homme quelconque », selon la formule de Georges Duby. Cependant, sans renoncer à cette perspective, laquelle pouvait négliger les événements et les grands acteurs politiques, les historiens ont peu à peu revalorisé l'histoire politique, jadis taxée d'« événementielle ». Les comportements, les croyances, les mœurs ne sont pas coupés de la vie politique et celle-ci ne se déroule pas seulement sous l'action des masses et des mouvements de fond — économique, démographique et autres. Des individus peuvent changer le cours de l'Histoire. Toujours tributaires des nécessités objectives, ils peuvent les assumer sans les subir, les dévier, les orienter sans se soumettre au déterminisme. La révolution bolchevique de 1917 est incompréhensible hors de la connaissance d'un contexte général, d'une conjoncture particulière et d'un héritage historique. Mais, en même temps, elle est incompréhensible sans la main d'un homme, Lénine. Le général de Gaulle fait partie des quelques personnalités qui, au XXe siècle, ont pu orienter l'Histoire, à tout le moins celle de leur pays.

L'envers du décor

Cependant, le besoin du « grand homme », le besoin d'un « sauveur » ou d'un « homme providentiel », n'est-il pas le symptôme d'une faiblesse constitutive de la société française ? Par ses divisions séculaires — religieuses, sociales, culturelles, idéologiques —, tout se passe comme si, dans son impossibilité à réguler la conflictualité normale au sein d'une société ouverte, elle était toujours en attente d'un suprême arbitre, d'un rassembleur, voire d'un chef. Certains interprètent cette habitude par les conséquences de la Révolution, faisant naître des familles politiques inconciliables. D'autres, par l'hétérogénéité d'une nation dont la seule chance d'existence reposerait sur une incarnation personnelle du pouvoir. Nos républiques parlementaires — IIIe et IVe — n'ont jamais été stabilisées mais toujours en butte à la contestation, parfois violente.

Selon la formule de Paul Ricœur, la société démocratique repose sur le « consensus conflictuel ». Cet apparent oxymore signifie que la société moderne n'est pas unanime, ni dans ses intérêts, ni dans ses croyances, ni dans ses buts, mais que les conflits provoqués par ces divergences doivent trouver leur source de règlement dans un consensus sur les règles et les procédures de compromis et de pacification : la concertation, la loi, l'élection. Faute d'un tel consensus, l'appel au grand homme devient un impératif. Pour de Gaulle, il faut une « tête » à la France. « Faute de quoi, écrit-il dans ses *Mémoires*, la multiplicité des tendances qui nous est propre, en raison de notre individualisme, de notre diversité, des ferments de division que nous ont laissés nos malheurs, réduirait l'État à n'être, une fois encore, qu'une scène pour la confrontation d'inconsistantes idéologies, de rivalités fragmentaires, de simulacres d'action intérieure et extérieure sans durée et sans portée. » En ce sens, de Gaulle, pour les Français, est un objet de gloire mais aussi un aveu de faiblesse collective — celle de leur inaptitude à la démocratie qu'ils se targuent d'avoir inventée.

Rassembler, unifier, disqualifier les partis qui divisent, de Gaulle y réussit pendant un certain temps — celui de la guerre d'Algérie et ses lendemains — mais il doit renoncer à son rêve d'unanimisme. Le grand homme n'est pas un dieu. Mais on ne peut dire que la figure du roi ait disparu de l'imaginaire politique des Français, si peu aptes à la démocratie. En 2015, Emmanuel Macron, futur président de la République, pouvait déclarer : « Il y a dans le processus démocratique et dans son fonctionnement un absent. Dans la politique française, cet absent est la figure du roi, dont je pense fondamentalement que le peuple français n'a pas voulu la mort. »

Les mânes du Général, monarque républicain s'il en fut, parlent toujours.

LECTURES

Charles de Gaulle, *Le Fil de l'épée*, Librairie Berger-Levrault, 1932 ; Plon, 1971.

Charles de Gaulle, *Vers l'armée de métier*, Librairie Berger-Levrault, 1934 ; Plon 1971.

Charles de Gaulle, *Mémoires*, Gallimard, « Bibliothèque de la Pléiade », 2000.

Charles de Gaulle, *Discours et Messages*, Plon, 5 vol., 1970.

Charles de Gaulle, *Lettres, Notes et Carnets*, Plon, 10 vol., 1980-1987.

Maurice Agulhon, *De Gaulle, histoire, symbole, mythe*, Plon, 2000.

Jean-Pierre Azéma, *De Munich à la Libération, 1938-1944*, Seuil, « Points-Histoire », 1979.

Jean-Luc Barré, *Devenir de Gaulle, 1939-1943*, Perrin, « Tempus », 2011.

Serge Berstein, *La France de l'expansion. La République gaullienne 1958-1969*, Seuil, « Points-Histoire », 1989.

Jean Charlot, *Le Phénomène gaulliste*, Seuil, 1970.

Jean-Louis Crémieux-Brilhac, *La France libre. De l'appel du 18 Juin à la Libération*, Gallimard, 1996.

Julian Jackson, *A Certain Idea of France, The Life of Charles de Gaulle*, Londres, Allen Lane, 2018.

André Malraux, *Les chênes qu'on abat*, Gallimard, 1971.

François Mauriac, *Bloc-notes*, Seuil, « Points », 5 vol., 1993.

Alain Peyrefitte, *C'était de Gaulle*, de Fallois, 3 vol., 1994-2000.

Jean-Pierre Rioux, *La France de la IVe République*, Seuil, « Points-Histoire », 2 vol., 1980.

Éric Roussel, *Charles de Gaulle*, Gallimard, « Biographies NRF », 2002.

L'ESPRIT DE LA CITÉ

Volumes publiés

Composition : I.G.S.-Charente Photogravure.
Achevé d'imprimer
par Normandie Roto Impression s.a.s.
61250 Lonrai, en août 2019.
Dépôt légal : août 2019.
Numéro d'imprimeur : 1903202.
ISBN 978-2-07-269349-6 / Imprimé en France.

307602